Beiträge

zur

Statistik der Brodpreise

im

Deutschen Reich.

Von

Dr. E. Hirschberg,
Directorial-Assistenten am Statistischen Amt der Stadt Berlin.

Mit 3 graphischen Tafeln.

Berlin 1893.
J. J. Heines Verlag.

I.

In der Ernährung der Bevölkerung, namentlich des ärmeren Theiles derselben, spielt das Brod eine wichtige Rolle. Man wird den Verbrauch desselben auf etwa 100 Kilogramm pro Kopf und Jahr annehmen können; in Arbeiterfamilien, wo das Brod zugleich vielfach das Fleisch ersetzen soll, wird der Verbrauch durchschnittlich ein noch höherer sein.

So hat sich denn schon früh die Aufmerksamkeit nicht nur des Privatpublicums, sondern auch der Behörden auf die Preisgestaltung dieses wichtigen Nahrungsmittels gelenkt. Wir sehen in früheren Jahren die Obrigkeit eifrig bemüht dafür zu sorgen, dass die Bevölkerung bei dem Brodverkauf nicht übervortheilt werde. Man rechnete den Bäckern selber die Preise aus, welche sie höchstens für das Pfund Brod nehmen durften, und zwang sie, nicht theurer zu verkaufen.

Aber in der freiheitlichen Entwickelung dieses Jahrhunderts wurden diese Brodtaxen allmählich beseitigt. Indessen glaubte man doch, dass die vollständige Gewährung der Freiheit noch Bedenken habe, und versah die Gewerbeordnung seiner Zeit mit folgenden Paragraphen:

„§ 72. Polizeiliche Taxen sollen, soweit nicht ein Anderes nachstehend angeordnet worden, künftig nicht vorgeschrieben werden; da wo sie gegenwärtig bestehen, sind sie in einer von der Ortspolizeibehörde zu bestimmenden, höchstens einjährigen Frist aufzuheben.

§ 73. Die Bäcker und die Verkäufer von Backwaaren können durch die Ortspolizeibehörde angehalten werden, die Preise und das Gewicht ihrer verschiedenen Backwaaren für gewisse von derselben zu bestimmende Zeiträume durch einen von aussen sichtbaren Anschlag am Verkaufslocale zur Kenntniss des Publicums zu bringen.

Dieser Anschlag ist kostenfrei mit polizeilichem Stempel zu versehen und täglich während der Verkaufszeit auszuhängen.

§ 74. Wo der Verkauf von Backwaaren nur nach den von den Bäckern und Verkäufern an den Verkaufslocalen angeschlagenen Preisen erlaubt ist, kann die Ortspolizeibehörde die Bäcker und Verkäufer zugleich anhalten, im Verkaufslocale eine Waage mit den erforderlichen geaichten Gewichten aufzustellen und die Benutzung derselben zum Nachwiegen der verkauften Backwaaren zu gestatten.“

Ferner § 148 zu 8: „Mit Geldstrafe bis zu 150 Mark und im Unvermögensfalle mit Haft bis zu 4 Wochen wird bestraft: . . . . wer bei dem Betriebe seines Gewerbes die von der Obrigkeit vorgeschriebenen oder genehmigten Taxen überschreitet.“

So wurde an Stelle der obrigkeitlichen Taxe eine Selbsttaxe der Bäcker eingeführt, welche viel verbreiteter ist, als man gemeinhin annimmt. Gleichwohl ist dieselbe zwecklos; sie kann nichts nützen, eher schaden. Indem die Bäcker nämlich das genaue Gewicht beim Backen nicht abmessen können, glauben sie eine Bestrafung wegen des etwa vorkommenden Mindergewichts gegenüber den von ihnen angeschlagenen Preisen am besten zu vermeiden, wenn sie für alle Fälle ein weit niedrigeres Gewicht, bezw. weit höhere Preise öffentlich bekannt geben, als die Taxe besagt. Das Publicum weiss, was es davon zu halten hat und richtet sich nicht nach der Taxe.

Allerdings soll zu Anfang des Jahres 1893 nach Zeitungs-Nachrichten von Polizeibehörden der Versuch gemacht worden sein, auch die Bäcker zu bestrafen, welche billiger verkauften, als die Taxe angab. Indessen hat das Gericht dieses widersinnige Vorgehen der Polizeibehörden nicht gebilligt und die Bestrafung wieder aufgehoben. Dies ist aus Oppeln bekannt geworden; es steht dahin, ob auch in anderen Städten diese Angelegenheit zur richterlichen Entscheidung gelangt ist, und die Sache durch weitere Instanzen verfolgt wird. Jedenfalls wäre es nothwendig, dass die Polizeibehörden die Bestrafuug der Bäcker wegen billigeren Verkaufs unterliessen.

Ihrem ganzen Sinn nach sollen die Taxen das Publicum vor ungerechtfertigt hohen Brodpreisen schützen. Dieser Sinn wird aber in sein Gegentheil verwandelt, wenn eine Bestrafung auch wegen zu niedriger Brodpreise erfolgt, umsomehr als es dem Bäcker gar nicht möglich ist, das Brodgewicht bei jedem einzelnen Stück genau auf die vorgeschriebene Höhe — nicht darunter, aber auch nicht darüber — zu bringen. Im Uebrigen sind die Ausführungen unten über Dresden, Bayern, Baden zu vergleichen.

Eigenthümlich ist es, dass der Minister Ende des Jahres 1892 den Polizeibehörden empfohlen haben soll, von den Bestimmungen der Gewerbeordnung Gebrauch zu machen; denn bisher hat man irgend welche günstigen Wirkungen wohl kaum constatiren können. Im Gegentheil man ist wohl in Folge der Nutzlosigkeit dieser Bestimmungen auf andere Vorschläge gekommen, die gefürchtete Uebervortheilung des Publicums zu verhindern. Bekannt ist in dieser Hinsicht der Antrag Lohren vom Jahre 1887, welcher im Reichstag eingebracht wurde, und welcher inhaltlich die Bestimmungen der Gewerbeordnung zwar beibehalten, aber noch die Zusammensetzung des Brodes nach Procenten der Mehlsorten in dem vorgeschriebenen Anschlage notiren lassen wollte. Ausserdem sollte der Verkauf nur nach bestimmten Gewichtsgrössen von $^1/_2$ bis 6 Kilogramm erfolgen und den Bäckern die Verpflichtung auferlegt werden, dem Käufer das Brod unaufgefordert vorzuwiegen und das am Gewicht Fehlende beizulegen oder vom Preise abzuziehen.

Man mag nun über derartige Bestimmungen denken, wie man will, so viel ist sicher, dass sie nur dann einen Sinn haben, wenn sich ihre Nothwendigkeit durch eine Uebervortheilung des Publikums seitens der Bäcker herausgestellt hat. Diese Frage kann nur durch die Statistik beantwortet werden. Sie wurde acut, als man nach Einführung der Getreidezölle über theuere Brodpreise zu klagen begann.

Während nämlich auf der einen Seite behauptet wurde,

dass die Vertheuerung des Getreides durch die Zölle*) auch den Brodpreis in die Höhe treiben und so eine Besteuerung des täglichen Bedarfs darstellen müsse, wurde von der anderen Seite — wenn man eben eine Vertheuerung des Getreides durch die Zölle überhaupt zugab und nicht gar behauptete, das Ausland trage den Zoll — erklärt, dass die Bäcker sich nach der Höhe des Kornpreises gar nicht richteten, sondern die Preise ganz nach Willkür normirten. Machte man den Landwirthen den Vorwurf, sich durch die Zölle auf Kosten der Bevölkerung zu bereichern, so warfen diese den Bäckern dasselbe vor.

Noch jüngst erst wurde angesichts des allgemeinen Rückganges der Getreidepreise an der Hand unzureichender statistischer Angaben der Nachweis versucht, dass die Bäcker den Preis des Brodes auf derselben Höhe hielten wie früher, und die durch das billig gewordene Korn niedriger gewordenen Kosten nicht dem Publicum, sondern ihrer eigenen Tasche zu Gute kommen liessen.

Der Unbefangene wird diese Vorwürfe nicht ohne eine gewisse Verwunderung lesen; denn wie soll es möglich sein, dass gerade der Bäcker das Publicum derart übervortheilt? Warum begnügen sich der Fleischer, der Gemüsehändler und andere mit einem bescheidenen Nutzen? Und warum macht das Publicum dem unbescheidenen Bäcker gegenüber nicht mit Entschiedenheit Front, wenn es sich betrogen glaubt?

In der That bleiben die Ankläger des Bäckers die Erklärung schuldig. Allerdings ist darauf hinzuweisen, dass das Brod in der Regel nicht nach Gewicht gekauft wird, sondern dass für bestimmte Preiseinheiten ihrem Gewicht nach unbestimmte Stücke gegeben werden, so dass der gleichgültige oder ununterrichtete Käufer leicht durch Hingabe einer mindergewichtigen Waare betrogen werden kann. Angeblich soll dies bei dem Einkauf des Brodes

*) Die Einfuhrzölle betrugen nach fast fünfzehnjähriger Handelsfreiheit für Weizen und Roggen per 100 kg vom 1. Januar 1880 ab 1 Mk., von 20. Februar 1885 ab 3 Mk., vom 26. November 1887 ab 5 Mk., vom 1. Februar 1892 ab (bis 31. December 1903) 3,50 Mk., unter vorläufigem Ausschluss Russlands, wo bis zum Abschluss eines Handelsvertrags der alte Satz von 5 Mk. bestehen geblieben ist.

durch Kinder, was in den arbeitenden Classen besonders üblich ist, vorkommen. Aber man wird hier ebenfalls nach statistischen Beweisen fragen. Die Möglichkeit einer Täuschung des Publicums bedeutet denn doch noch nicht deren Nothwendigkeit, und wer die Anklage der Uebervortheilung erhebt, muss sie beweisen.

Nun fehlt es freilich nicht an Leuten, welche sich diesen Beweis sehr leicht machen. Sie gehen zu einem Bäcker, kaufen ein Brod zu 50 Pfennigen und wiegen es nach; sie warten ein Herabgehen der Getreidepreise ab, besuchen denselben Bäcker, sehen, dass das Brod noch nicht schwerer wiegt und halten nun den angeklagten Bäcker für überführt, sie übervortheilt zu haben. Eine ähnliche Argumentation ist im Parlament versucht worden.

Es mag nun zutreffen oder nicht, dass die Bäckerei eines der wenigen Handwerke ist, welche noch einen goldenen Boden haben; es liegt doch nahe genug, einmal, dass ein guter Verdienst des Bäckers noch keine Uebervortheilung des Publicums bedeuten muss, dann, dass die Beweisführung Jemandes, der durch ein Paar Brodeinkäufe eine Statistik gemacht zu haben glaubt, eine ausserordentlich schwache ist.

Was den Verdienst des Bäckers betrifft, so ist freilich zu präsumiren, dass der Bäcker bestrebt sein wird, den Preis seiner Waare so hoch zu greifen, als seine Kunden ihn eben bezahlen. Es ist dies keineswegs eine besondere Eigenthümlichkeit des Bäckers, sondern aller Waarenverkäufer. Manche nehmen allerdings die Staatshülfe direct oder indirect für eine Erhöhung der unter normalen Bedingungen zu erzielenden Preise in Anspruch, z. B. die Agrarier; und bezeichnender Weise sind sie es, von deren Seite aus den Bäckern gegenüber die Staatshülfe verlangt wird.

Es ist ja bekannt, dass auch noch andere Waarenverkäufer als die Landwirthe die Hülfe des Staates zur Hebung der niedrigen Preise ihrer Waare durch Zölle u. dergl. in Anspruch genommen haben. Aber der Metallindustrielle, welcher dies thut, begnügt sich mit der Hülfe, die ihm zu Theil wird. Anders der nothleidende Landwirth; er wünscht ausser der möglichsten Preissteigerung seiner Producte eine staatliche Bevormundung in der Preisnormirung für die Bäcker, d. h. für diejenigen Waarenhändler, die die Producte der Landwirthe zumeist verarbeiten. Der Agrarier vergisst, dass, wenn man mit solchen Preistaxen consequent verfahren wollte, man nicht beim Bäcker anfangen müsste, sondern beim Landwirth.

Dies ist der Hintergrund, durch welchen die ganze Statistik der Brodpreise ihre Wichtigkeit erlangt. Es giebt keinen schärfer treffenden Einwand gegen Getreidezölle, als den, dass dieselben die Preise wie des Korns so auch des wichtigsten Nahrungsmittels Brod erhöhen müssen, und dass sie die Einnahmen für den Landwirth zwar vermehren, aber auf Kosten des brodessenden Volkes. Und da der Brodconsum in den untersten Schichten des Volkes besonders gross ist, so ist die durch die Preissteigerung auferlegte Steuer eben für diese Classen auch besonders empfindlich; sie ist progressiv nach unten. Wenn im Februar 1893 der Reichskanzler die Getreidezölle als eine Last für das Land bezeichnete, so gab er eben diese Wirkung der Zölle auf den Brodpreis zu. Die frühere Regierung theilte allerdings diese Ansicht nicht; es ist ein Erfolg der Statistik, wenn endlich die Einsicht von der Last der Zölle für das consumirende Volk auch in Regierungskreisen an Boden gewonnen hat.

Aber der Interessenkampf der Agrarier ist noch nicht abgeschlossen. Und so lange derselbe noch fortdauert, werden sie an der Anschauung festhalten, dass der Brodpreis sich im Wesentlichen unabhängig von dem Kornpreis entwickele. Wäre doch dieser Umstand, wenn er eben wahr wäre, eine Entschuldigung ihrer eigennützigen Bestrebungen.

II.

Wenn auf die vorerwähnten Bemerkungen über die Wirkung des Kornpreises auf den Brodpreis näher eingegangen wird, so muss man sich vor Allem klarmachen, durch welche Umstände diese Wirkung bedingt, beziehungsweise begrenzt ist.

Ohne auf die Einzelheiten der Preisbildung einzugehen, kann man im Allgemeinen sagen, dass in dem Verkaufspreise einer Waare enthalten sind: 1. die Productionskosten und 2. der Gewinn, um dessentwillen producirt und verkauft wird. Zu den Productionskosten sind zu rechnen der Preis des Rohstoffs, der Fabrication und die Unkosten; der Gewinnzuschlag richtet sich nach den Conjuncturen, nach dem concurrirenden Angebot derselben Waare durch Andere und nach der gegenüberstehenden Nachfrage.

Nun ist der Rohstoff, um welchen es sich hier handelt, das Getreide; und die Frage würde zunächst sein, ob der Preis desselben für die allgemeinen Productionskosten des Brodes so bestimmend ist, dass die sonst noch in denselben enthaltenen Kosten für Fabrication, sowie für den Verkauf zurücktreten. In diesen letzteren Kosten sind die Arbeitslöhne mit eingerechnet, die Miethpreise, die Preise des Feuerungsmaterials u. s. w., sämmtlich Preise, deren Schwankungen ihrerseits von ganz anderen Umständen abhängen, als die Schwankungen des Rohstoffs. Es ist allbekannt, dass es Waaren giebt, bei welchen der Preis des Rohstoffs gegenüber den Fabricationskosten kaum in Betracht kommt. Dies ist z. B. da der Fall, wo die handwerksmässige Fabrication durch künstlerische Thätigkeit ersetzt wird; so spielen bei einem Oelgemälde die Kosten der Leinwand, der Farben u. s. w. gegenüber der technischen Fertigkeit keine Rolle, und umgekehrt ist der Einfluss der Fabricationskosten bei dem Preise eines einfachen glatten Goldreifens gegenüber dem theuren Preise des Rohstoffes ohne Belang.

Nun wird man beim Brode sagen können, dass die Fabrication keine so kunstvolle ist, als dass man den Kosten derselben eine besonders hervortretende Wirkung dem Getreidepreise als Rohstoff gegenüber einräumen könnte.

Mag selbst bei ganz normalen Verhältnissen der Rohstoffpreis so bestimmend sein, dass der Preis des Fabricats ihm parallel verläuft, ohne dass die übrigen Kosten der Verarbeitung diesen Verlauf zu ändern vermögen, so lässt sich doch ein solches Sinken des Preises des Rohstoffes theoretisch annehmen, dass schliesslich derselbe an Einfluss den Fabricationskosten gegenüber einbüsst, und diese letzteren den Ausschlag geben. Kostete z. B. eine Waare 30 M.

und der in ihr verarbeitete Rohstoff 20 M., so wird es nicht verwunderlich erscheinen, wenn der Preis des letzteren bestimmend ist. Er bleibt es aber nur so lange, als er sich überhaupt wenigstens annähernd auf dieser Höhe erhält. Nimmt man aber ein Herabgehen des Rohstoffpreises von 20 auf vielleicht 5 an, so spricht die Wahrscheinlichkeit in hohem Grade dafür, dass die gleich gebliebene Höhe der Fabricationskosten u. s. w. auf den Preisverlauf des Fabricats einen stärkeren Einfluss ausüben als der Rohstoff. So hat man die — wie aus den nachfolgenden Zahlen ersichtlich, unrichtige — Ansicht ausgesprochen, dass nur bei hohen Getreidepreisen eine Einwirkung derselben auf die Brodpreise nachweisbar sei, nicht auch bei niedrigen.

Wie die Dinge sich hier theoretisch aufbauen lassen, vollziehen sie sich aber in der Praxis selten. Die Menge der bei einer Preisfestsetzung mitsprechenden Factoren ist zu gross, als dass man in jedem Falle in der Lage wäre, dieselbe in ihrer Wirkung zu betrachten. Man hat sich oft die Aufgabe gestellt, die Einwirkung der Nahrungsmittel — speciell der Brodpreise auf die Löhne der Arbeiter zu untersuchen (z. B. Metzler: Statistische Untersuchungen über den Einfluss der Getreidepreise auf die Brodpreise und dieser auf die Löhne 1887). Aber man darf dabei nie die Wechselwirkung vergessen, in welcher Löhne und Preise zu einander stehen. Es kann wohl ebenso gut behauptet werden, dass hohe Nahrungsmittelpreise zur Erhöhung der Arbeitslöhne drängen, wie dass hohe Arbeitslöhne die Waarenpreise erhöhen. Steigt der Bäckerlohn, so wird das Brod theurer, und steigt der Brodpreis, so wird auch der Bäckerlohn die Neigung zum Steigen haben. Die Ursache der sogenannten Theuerungszulagen, welche Fabricanten zu Ende 1891 gegeben haben, sind die hohen Lebensmittelpreise gewesen, und die Wirkung dieser Zulagen wird vielfach eine Steigerung des Waarenpreises gewesen sein. Es ist anzunehmen, dass sich auch bei sinkenden Preisen die Verhältnisse ähnlich gestalten.

Hier wird man freilich sogleich einwenden, dass sich die Productions- und Unkosten eines Fabricats vermehren können, ohne dass es absolut nöthig ist, dass der Preis desselben steigt.

Damit kommt man auf den zweiten Hauptfactor bei der Preisbildung: den Gewinn, den Aufschlag.

Für die Höhe desselben sind wieder ganz andere Umstände maassgebend, die theils in den Verhältnissen des Waarenverkäufers, der Grösse seiner Bedürfnisse u. s. w., theils des Käufers, ob er baar bezahlt u. s. w., theils in den äusseren Umständen der Concurrenz, Conjuncturen u. a. zu suchen sind.

III.

Zu diesen theoretischen, inneren Schwierigkeiten einer statistischen Erforschung der Preise gesellen sich nun noch practische äussere, welche theils bei den Nahrungsmittelpreisen überhaupt, theils besonders bei den Brodpreisen vorliegen. Hauptsächlich sind diese Schwierigkeiten in der wechselnden und schwer zu fassenden Verschiedenheit der Waaren-Qualität begründet. Die blosse Angabe, dass in der Stadt A. das Rindfleisch 1 M., in der Stadt B. 1,20 M. pro Kilo, oder das Brod dort 25, hier 30 Pf. pro Kilo kostet, besagt garnichts, wenn man nicht weiss, ob es sich um dieselben Sorten handelt. Leider ist die Statistik der Nahrungsmittelpreise zumeist noch so wenig ausgebildt, dass die Angabe der Qualitäten oder der Zusammensetzung der Waare zu den Seltenheiten gehört.

Man braucht nun diesen Mangel nicht zu überschätzen, da gemeinhin nicht eine aussergewöhnliche, sondern die ortsüblich consumirte Qualität der Preisermittelung zu Grunde gelegt wird, und man so wenigstens die Summe erhält, welche der Consument des betreffenden Ortes, wenn er Fleisch, Brod, Mehl u. s. w. kaufen will, auszugeben genöthigt ist. Was man aber nicht erhält, ist eine correcte Vergleichbarkeit der Waarenpreise, der Ernährungsverhältnisse, der Geschmacksrichtung u. s. w., in verschiedenen Orten und Jahren; hier und da sind übrigens in der amtlichen Statistik Qualitätsunterscheidungen üblich, aber nicht weitgehend genug.

Bei dem Brodpreis ist die wesentlichste Unterscheidung die nach der Zusammensetzung von Weizen- oder Roggenmehl, wobei freilich auch noch Zusätze wie Kleie und andere, der Wassergehalt und natürlich die Feinheit des Mehles mit in Betracht kommen.

Man kann bei der Entstehung des Brodes, wenn man das gedroschene auf dem Markt verkäufliche Getreide als Rohstoff annimmt, zwei Stationen unterscheiden: die Müllerei und die Bäckerei. Es wird dabei von den Zwischenstationen, welche das Getreide vom Halm bis zur Mühle durchmacht, ebenso abgesehen, wie von dem Gross- und Kleinhandel beim Mehl. Ueberhaupt muss man sich hüten, bei einer Untersuchung über den Einfluss des Kornpreises auf den Brodpreis sich in Details zu verlieren. Die Statistik reicht eben zur allgemeinen Beantwortung dieser Frage aus, aber Berechnungen über die Zuschläge der Müller zum Preise des Korns für das Vermahlen, der Bäcker zum Preise des Mehls für das Verbacken bewegen sich meist auf dem Gebiete der Vermuthung, nicht der Thatsachen, der Statistik. Können vielleicht noch hier und da hinsichtlich einzelner Bäckereien nach mancher Richtung hin Thatsachen beigebracht werden, so hat dies doch nur einen localen Werth und lässt sich nicht auf andere Verhältnisse in anderen Städten übertragen.

Im Folgenden wird nunmehr für die einzelnen Länder bezw. Städte innerhalb des Deutschen Reichs statistisches Material zur Beantwortung der hier in Betracht kommenden Fragen zusammengetragen, und zwar seiner grösseren Beweiskraft wegen nur nach neueren und amtlichen Quellen.

Verfasser darf dabei auf die von ihm in den Conrad'schen Jahrbüchern für Nationalöconomie und Statistik veröffentlichten Zusammenstellungen verweisen: Neue Folge XIV (1887) S. 297 für deutsche Staaten, XVIII (1889) S. 431 für Berlin 1888, XX (1890) S. 205 für Berlin 1889, 3. Folge I (1891) S. 120 für Berlin 1890 und 3. Folge III (1892) S. 285 für Berlin 1891, ferner anknüpfend an den ersten hier genannten Aufsatz: v. Scheel in derselben Zeitschrift Neue Folge XV (1887) S. 205. Die Statistik des Deutschen Reichs, Vierteljahrsheft 1893 Heft I S. 50 bringt eine Fortsetzung der für Berlin zuletzt für 1891 mitgetheilten Haupttabelle nebst graphischer Darstellung. Die vorstehenden Arbeiten des Verfassers sind zum Theil auf auch für diese Arbeit freundlichst zur Verfügung gestelltem amtlichen Material des Statistischen Amts der Stadt Berlin basirt; sie sind in der Presse, im Parlament und in Privatarbeiten viel benutzt worden, und Gegenstand einer Anzahl von Anfragen aus dem In- und Auslande gewesen, weswegen die Hauptresultate hier — an leichter zugänglicher Stelle — wiederholt werden. Das Berliner Ur-Material findet sich theils in den Statistischen Jahrbüchern, theils in den Beilagen zum Gemeindeblatt, theils in den Acten. Die übrigen Quellen sind bei der Erörterung der betreffenden Landestheile genannt.

IV.

In Preussen erstreckt sich die durch die Vorschrift des Ministers des Innern angeordnete Nahrungsmittel-Preis-Statistik nach den Formularen vom 3. September 1875 nicht auf Brod. Gleichwohl besitzen einzelne Städte eine amtliche Brodpreisstatistik.

a. Preussen.

1. Berlin.

Hier bestand seit Jahren eine von dem Königlichen Polizei-Präsidium aufgenommene Statistik der Preise von 1) Schwarz- und Graubrod, 2) Semmeln, 3) Zwieback. Die Gebäcke zu 1) bestehen vorwiegend aus Roggen-, die zu 2) und 3) aus Weizenmehl.

Diese Aufnahmen ergeben nur die Maximal- und Minimalpreis und waren, wenigstens bis zum Jahre 1890, ziemlich werthlos. So wurde z. B. der Preis für 1 kg Roggenbrod von Anfang des Jahres 1886 bis zum Juli 1889 gleichmässig auf 19 bis 24.4 Pfennige angegeben, Semmel waren während der Jahre 1886 bis Mai 1889 mit 40 bis 50 Pfennigen pro Kilo und und Zwieback für die Jahre 1886 bis 1890 mit 70 bis 75 Pfennigen notirt. Erst das Jahr 1891 und 1892 zeigte eine lebhaftere Bewegung der Preise.

In das Jahr 1891 (Aug.) fiel bekanntlich der Erlass des russischen Roggenausfuhrverbots, welches die Kornpreise gewaltig in die Höhe trieb; etwa ein Jahr später erfolgte dessen Wiederaufhebung, welche auf die Preise von nicht minderem Einfluss war.

Die Angaben werden (ausgedrückt in Mark pr. 100 Kilogramm) nachstehend aufgeführt. Daneben wird eine Berechnung des Mittels gesetzt, welche zwar als solche nicht correct ist, aber doch eine Vergleichung mit den gleichfalls hier beigefügten correcteren Untersuchungen des Statistischen Amts der Stadt zulässt.

Monate	Polizei-Präsidium			Statistisches Amt
	höchster	niedrigster	mittlerer	Durchschn.
1891				
Januar	28.00	24.00	26.00	28.39
Februar	28.00	24.00	26.00	28.31
März	28.00	24.00	26.00	28.70
April	28.50	24.00	26.25	29.10
Mai	28.50	24.00	26.25	30.40
Juni	31.00	25.50	28.25	31.27
Juli	31.00	26.00	28.50	31.54
August	35.00	28.50	31.75	33.01
September	36.00	30.00	33.00	34.99
October	36.00	30.00	33.00	34.97
November	38.00	32.00	35.00	34.62
December	39.00	33.00	36.00	34.63
1892				
Januar	37.00	30.00	33.50	33.89
Februar	37.00	30 00	33.50	34.53
März	36.00	26.00	31.00	33.37
April	33.00	24.00	28.50	32.78
Mai	34.00	25.00	29.50	31.93
Juni	31.00	25.00	28.00	31.64
Juli	30.00	26.00	28.00	30.28
August	27.00	23.00	25.00	28.84
September	28.00	20.00	24.00	26.18
October	26.00	18.00	22.00	25.09
November	25.00	17.00	21.00	23.31
December	25.00	18.00	21.50	22.45

Soviel geht aus den berechneten Mittelpreisen hervor, dass sie von denen des städtischen Statistischen Amts in ihrem Verlaufe nicht sonderlich abweichen, weniger als man nach der Art ihrer Berechnungen aus höchsten und niedrigsten Preisen annehmen sollte.

Die Notirungen des Polizei-Präsidiums für Preise von Weizenbrod ergeben für 1891 und 1892 folgendes Resultat (für 100 Kilogramm in Mark, bezw. für 1 Kilogramm in Pfennigen):

Monate	Semmel			Zwieback		
	höchster	niedrigster	mittlerer	höchster	niedrigster	mittlerer
1891						
Januar/Mai . . .	64	60	62	80	76	78
Juni/August . . .	66	61	63.50	81	78	79.50
September	66	60	63	81	78	79.50
October-December	66	60	63	80	76	78
1892						
Januar	60	50	55	80	78	79
Februar	58	48	53	80	78	79
März	54	46	50	78	76	77
April	52	45	48.50	78	74	76
Mai	52	45	48.50	78	74	76
Juni	50	44	47	75	70	72.50
Juli	50	44	47	72	68	70
August	48	44	46	70	68	69
September	43	40	41.50	70	68	69
October	43	39	41	74	70	72
November	42	36	39	78	70	74
December	42	36	39	78	70	74

Auch diese Preise, zwar incorrect, lassen wenigstens für 1892 den abwärts gehenden Preisverlauf erkennen. Es ist diese Thastache darum wichtig, weil der Minister des Innern beim Polizei-Präsidium angefragt haben soll, ob die Bäcker den fallenden Roggenpreisen durch eine Ermässigung der Brodpreise Rechnung getragen haben, eventuell ob es sich empfehle, von den Bestimmungen der Gewerbe-Ordnung Gebrauch zu machen, um diesen Erfolg herbeizuführen. Sollte eine solche Anfrage an das Polizei-Präsidium wirklich ergangen sein, so wird man schon angesichts der aufgeführten Zahlen über die Antwort keinen Zweifel haben können. Correcter sind nun die Aufnahmen des Statistischen Amts der Stadt.

Dieses Amt begann mit Rücksicht auf die Unvollkommenheit der Erhebungen des Polizei-Präsidiums im März 1885 selbst Ermittelungen anzustellen. Dieselben bezogen sich zunächst auf Roggenbrod (Schwarzbrod). Diese Brodsorte wird in Berlin im Allgemeinen in Stücken zu 50 Pfennigen gehandelt. Demgemäss wurde eine Anzahl solcher Stücke angekauft, hinsichtlich der Qualität einer Prüfung durch Aufschneiden und Besichtigung unterworfen und verwogen. Das Roggenbrod ist nicht ganz rein, sondern enthält in der Regel Zusätze von Weizenmehl, wohl auch häufig von Kleie. Das gefundene Gewicht wurde mit dem Preise verglichen. Die gewählten Bäcker wurden einfür alle Male beibehalten, ihre Zahl, anfangs nur 10, betrug 1888 bereits 16, seit 1889 wurde sie bis auf 34 erweitert. Der Ankauf je eines Brodes erfolgte in unauffälliger Weise alle 14 Tage durch Büreaubeamte bezw. deren Boten. Die Verwiegungen fanden anfangs im Beisein eines Sachverständigen statt, bis sich zeigte, dass die Verschiedenheit der Qualität der einzelnen Brode so gering war, dass sie auf den Preis keinen merklichen Einfluss haben konnte. Gleichwohl wurde und wird von dem Vorkommen auffallend guter oder schlechter Waare besondere Notiz genommen, was freilich nur äusserst selten vorkam. Ebenso wurde es notirt, wenn — eine in Berlin früher mehr verbreitete Sitte — beim Einkauf des Brodes eine Zugabe gewährt wurde. Man suchte schon von Anfang an, Bäcker, welche in dieser oder in ähnlicher Weise Rabatt gewährten, von der Erhebung auszuschliessen. Nur so konnte man möglichst correcte statistische Resultate erlangen. Denn da die Zugaben in der Regel in Semmeln (Weizenbrod) bestanden, war ihre correcte Anrechnung auf den Preis nicht ohne Schwierigkeit.

Späterhin zog man auch Brode in Betracht (bei jeder

Erhebung 24), welche in den Markthallen angekauft wurden, und zwar beliebig, nicht von bestimmten Bäckern. Unter diesen wurden 8, welche „Landbrode" darstellten, und die übrigen 16 je zusammen verwogen. Dies geschah, um für die eigentliche Statistik der 36 Brode eine Art von Controlstatistik zu schaffen. Denn, da das Publicum seinen Brodbedarf in den Markthallen nur ausnahmsweise befriedigt, und speciell die Landbrode an Qualität ungleich und zum Theil ausserhalb der Stadt gebacken sind, so konnte die Statistik der Markthallenbrode nur nebenher in Betracht kommen. Gleichwohl hat die Gleichmässigkeit des Preisverlaufs auch dieser Statistik mit der eigentlichen ein Controlmittel abgegeben, welches die Correctheit der Aufnahmen des Amtes ergab.

Selbstverständlich erfolgt die Verwiegung des Brodes nur in erkaltetem Zustande, und zwar einen Tag nach dem Kauf. Wie ersichtlich, ist nichts ausser Acht gelassen worden, um die Erhebungen zuverlässig zu machen. Nur muss man nicht erwarten, an jedem Fünfzig-Pfennig-Brode von einem Male zum andern die sich in den allgemeinen Durchschnitten ergebende Preisstatistik wiederzufinden. Dass übrigens theils selbst bei einzelnen Bäckern auch die Bewegung des Ganzen zu erkennen ist, beweisen die in der nachstehenden Tabelle aufgeführten Bäckereien A und B, von denen die erstere zu den besonders wohlfeilen, die letztere zu den besonders theueren gehörte.

Da diese Statistik wohl die brauchbarste aller vorhandenen ist, so ist sie in den eingeschalteten Tabellen ausführlicher mitgetheilt worden. Für die Jahre 1888 bis 1892 — die früheren kommen wegen der geringen Bewegung der Brod- und Kornpreise nicht in Betracht — ist gleichzeitig zur Erleichterung der Uebersicht eine graphische Darstellung beigefügt worden. Die in den Monatstabellen der einzelnen Jahre beigefügten Mehl- und Roggenpreise sind Grosshandelspreise, letztere bis September 1887 durchschnittlich 65.9 kg p. hl., dann bis 1888 mindesten 66.8 kg., seit 1889 mindestens 688 g. p. l. Dagegen sind die halbmonatlichen Original-Ermittelungen der Tabellen von 1892 mit den Tagespreisen des Roggens nach Ermittelungen der Polizei verglichen worden.

Monate	Preis pro 100 Kilogramm in Mark					
	Roggenbrod	Roggenmehl No. 0/1 gutes, gesundes incl. Sack	Roggen, guter, gesunder jeder Provenienz	Roggenbrod	Roggenmehl No. 0/1 gutes, gesundes incl. Sack	Roggen, guter, gesunder jeder Provenienz
		1885			1886	
Januar . .	.	19.65	14.35	21.15	17.95	12.98
Februar .	.	20.15	14.63	20.93	18.25	13.35
März . . .	.	20.10	14.53	20.77	18.30	13.53
April . . .	20.93	19.90	14.78	21.12	18.10	13.38
Mai	21.27	20.10	14.75	20.88	18.30	13.44
Juni	21.63	19.80	14.45	20.89	18.00	13.08
Juli	21.78	19.85	14.44	20.90	17.60	12.71
August . .	21.80	19.15	13.90	20.72	17.66	12.86
September	21.52	18.20	13.38	20.98	17.65	12.85
October .	20.97	18.25	13.40	20.32	17.60	12.63
November	20.93	18.10	13.15	20.45	17.70	12.89
December	20.98	17.95	12.93	20.44	17.85	13.03
Durchschn.	(21.31)	19.27	14.06	20.80	17.91	13.06
		1887			1888	
Januar . .	20.37	17.75	13.10	20.28	16.65	11.80
Februar .	20.58	17.60	12.93	20.29	16.38	11.60
März . . .	20.82	16.90	12.44	20.60	16.39	11.64
April . . .	20.67	16.85	12.26	20.32	16.77	11.95
Mai	20.84	17.50	12.63	20.31	17.41	12.60
Juni	20.77	17.55	12.53	20.31	17.48	12.83
Juli	21.05	17.15	11.88	20.57	17.83	12.74
August . .	21.01	16.80	11.33	20.91	18.95	13.88
September	20.73	16.43	10.96	21.44	22.04	15.71
October . .	20.19	16.30	11.13	22.55	22.08	15.94
November	20.53	16.90	11.92	23.27	21.91	15.47
December	20.18	16.98	11.97	23.52	21.66	15.20
Durchschn.	20.65	17.06	12.09	21.22	18.90	13.45

Monate	Preise pro 100 Kilogramm in Mark					
	Roggenbrod	Roggenmehl No. 0/1 gutes, gesundes incl. Sack	Roggen, guter, gesunder jeder Provenienz	Roggenbrod	Roggenmehl No. 0/1 gutes, gesundes incl. Sack	Roggen, guter, gesunder jeder Provenienz
		1889			1890	
Januar . .	24.15	21.47	15.28	27.08	24.26	17.56
Februar .	24.12	21.33	15.22	27.31	23.49	17.46
März . . .	23.94	20.77	14.98	27.30	23.28	17.19
April . . .	24.04	20.34	14.48	27.01	22.85	16.57
Mai	24.47	20.44	14.24	26.71	22.22	16.20
Juni. . . .	24.32	20.89	14.54	26.68	21.32	15.46
Juli	24.30	21.74	15.25	26.91	22.75	16,64
August . .	24.70	22.03	15.88	27.21	22.79	16.44
September	25.02	21.75	15.85	27.26	23.38	16.93
October. .	25.08	22.39	16.35	27.33	25.98	17.46
November	25.57	23.50	16.98	27.55	25.90	18.16
December	26.61	24.65	17.60	27.75	25.20	17.96
Durchschn.	24.72	21.77	15.55	27.18	23.45	17.00
		1891			1892	
Januar . .	28.39	24.28	17.52	33.89	30.21	22.45
Februar .	28.31	24.73	17.51	34.53	29.18	20.95
März . . .	28.70	25.28	17.89	33.37	29.07	20.59
April . . .	29.10	26.03	18.83	32.78	26.80	19.92
Mai	30.40	28.11	20.37	31.93	26.38	19.78
Juni . . .	31.27	28.83	21.20	31.64	26.13	19.37
Juli	31.54	28.54	21.57	30.28	25.19	18.53
August . .	33.01	32.84	23.75	28.84	20.33	14.82
September	34.99	32.45	23.49	26.18	19.73	14.47
October .	34.97	31.96	23.61	25.09	19.11	14.02
November	34.62	33.10	23.90	23.31	17.99	13.44
December	34.63	32.40	23.83	22.45	17.46	13.08
Durchschn.	31.62	29.05	21.12	29.46	23.97	17.60

Roggenbrod und Roggen in Berlin.

Monate 1892		Roggenbrodpreise pr. 100 kg (Mk) in der ganzen Stadt höchster	niedrigster	durchschnittlich	insbesondere Bäckerei A.	B.	Roggen per 100 kg Mk.	Brodpreise in den Markthallen Berl. Brod	Landbrod
Januar	Anfang	38.46	26.32	33.67	28.57	35.71	23.65	35.00	34.04
	Mitte	37.88	26.74	33.41	27.03	35.21	22.65	34.86	34.33
Februar	Anfang	39.37	27.78	35.06	29.94	34.48	21.15	34.33	34.28
	Mitte	39.37	27.03	34.09	28.57	37.04	20.50	34.56	33.61
März	Anfang	43.48	27.78	34.88	32.26	40.00	21.15	34.23	33.98
	Mitte	37.88	26.04	32.94	31.25	35.71	20.20	33.33	32.79
April	Anfang	37.88	26.04	32.72	29.94	34.48	20.00	33.20	31.70
	Mitte	39.37	25.00	33.29	28.57	36.76	19.95	33.71	32.55
Mai	Anfang	36.50	25.00	31.80	29.41	33.33	20.50	33.13	32.79
	Mitte	39.37	25.00	32.04	27.78	36.23	19.80	32.92	32.60
Juni	Anfang	38.46	25.38	31.84	27.78	37.04	19.45	32.85	33.33
	Mitte	38.46	26.04	31.95	28.57	34.48	18.95	31.29	31.75
Juli	Anfang	38.46	22.42	30.80	27.78	34.72	19.00	32.00	31.45
	Mitte	37.31	22.73	29.93	26.32	33.33	18.10	30.65	30.30
August	Anfang	37.88	25.00	30.47	27.03	33.33	16.95	31.07	30.49
	Mitte	40.00	22.52	28.58	24.63	32.68	14.70	28.88	28.94
September	Anfang	39.37	22.22	27.74	22.22	34.01	13.75	26.98	27.74
	Mitte	31.25	19.23	25.66	19.23	30.12	14.45	26.32	25.89
October	Anfang	32.89	20.83	25.64	20.83	29.94	14.35	25.16	25.24
	Mitte	33.33	19.46	25.04	19.46	28.25	14.10	23.67	23.64
November	Anfang	31.25	20.24	24.64	20.24	30.49	13.80	23.74	24.46
	Mitte	29.94	19.46	22.84	19.46	26.74	13.60	23.55	22.83
December	Anfang	28.25	18.87	22.92	19.84	27.62	13.05	23.05	22.04
	Mitte	28.90	17.18	22.39	19.92	26.18	12.90	22.99	21.99
	Ende	28.41	18.52	22.11	18.87	25.64	12.90	22.35	22.09
Durchschnitt	1892	—	—	29.46	25.40	32.94	17.58	29.75	29.39
„	1891	—	—	31.62	26.89	33.61	20.63	31.94	31.36
„	1890	—	—	27.18	22.90	30.49	16.74	26.91	26.59
„	1889	—	—	24.72	21.18	26.67	15.44	24.48	24.57
„	1888	—	—	21.22	18.28	23.56	13.22	—	—

Die Monats-Durchschnitte sind in der Weise aus den halbmonatlichen Erhebungen abgeleitet, dass das Mittel aus dem Preise am Anfang und am Ende des Monats berechnet und hieraus im Vergleich mit der Erhebung in der Mitte des Monats der weitere Mittelwerth berechnet wurde.

Der Durchschnittspreis pro 100 Kilogramm Brod betrug nach den Tabellen:

1887:	20.65	Mk.,	gegen	das	Vorjahr	0.7	Procent	weniger
1888:	21.22	„	„	„	„	2.8	„	mehr
1889:	24.72	„	„	„	„	16.5	„	„
1890:	27.18	„	„	„	„	10.0	„	„
1891:	31.62	„	„	„	„	16.3	„	„
1892:	29.46	„	„	„	„	6.8	„	weniger

und das durchschnittliche Gewicht eines Fünfzig-Pfennig-Brodes betrug:

1886	2.40 kg
1887	2.42 „
1888	2.36 „
1889	2.02 „
1890	1.84 „
1891	1.58 „
1892	1.70 „

Demgegenüber war der Roggenpreis pro 100 kg:

1887:	12.09	Mk.,	gegen	das	Vorjahr	7.4	Procent	weniger
1888:	13.45	„	„	„	„	11.2	„	mehr
1889:	15.55	„	„	„	„	15.6	„	„
1890:	17.00	„	„	„	„	9.3	„	„
1891:	21.12	„	„	„	„	24.2	„	„
1892:	17.60	„	„	„	„	16.7	„	weniger.

Der Einfluss des Roggenpreises auf den Brodpreis ist unverkennbar. Dass dieser Einfluss nicht immer in denselben Procentsätzen der Steigerung beziehungsweise des Fallens von einem Jahre zum andern zur Erscheinung kommt, ist selbstverständlich, da für die Normirung des Brodpreises nicht gerade der gegenwärtige Roggenpreis in

Frage kommen kann, sondern der zur Zeit des Einkaufs. Die graphische Darstellung zeigt dies deutlicher. Sie scheint zu zeigen, dass sich der Bäcker zwar bei einer Steigerung des Roggenpreises durch frühzeitigen Aufschlag seiner Waare sichert, ohne indessen sofort dem sinkenden Roggenpreis Rechnung zu tragen, dass er aber auch diesen Factor nach Ablauf einiger Zeit durchaus berücksichtigt.

Den normalen, sich nicht erheblich ändernden Kornpreisen der Jahre 1885, 1886, 1887 und der ersten 9 Monate von 1888 entspricht eine ebenso geringe Beweglichkeit der Brodpreise. Von Juni 1888 ab beginnt mit geringen Unterbrechungen ein Steigen der Kornpreise von 12.83 und der Brodpreise von 20.31 Mk. ab bis zu dem Höhepunkt am Ende des Jahres 1891 für die Kornpreise im August bis December mit über 23 Mk., für die Brodpreise im September und den folgenden Monaten mit fast 35 Mk. Dann beginnt im Jahre 1892 das Fallen des Roggenpreises bis auf fast den Preis zu Beginn der Periode des Steigens im Sommer 1888 und mit ihm des Brodpreises auf fast denselben Stand.

Man muss sich dabei klar machen, was es bedeutet, ob der Brodpreis in Berlin 22.45 Mk. pro. 100 kg beträgt wie im December 1892 oder 34.53 wie noch im Februar desselben Jahres; das bedeutet für das Fünfzig-Pfennig-Brod ein Gewicht von 2.23 kg gegen 1.45 oder ein Mehrgewicht von 0.78 kg bez. von mehr als $1^1/_2$ Pfund. Bei einem Brodconsum von 60 bis 70 Pfund pro Haushaltung und Monat ist es eine Minderausgabe von monatlich 3 bis 4 Mark. Man hat die Thatsache der niedrigeren Lebensmittelpreise namentlich des Brodes bei den Nothstandserörterungen der jüngsten Zeit nicht genug berücksichtigt. Eine vorübergehende Arbeitslosigkeit oder beeinträchtigte Erwerbsgelegenheit wird natürlich bei hohen Lebensmittelpreisen, wie im Winter 1891/2, schwerer empfunden, als bei den niedrigeren des Winters 1892/3.

Zur genaueren Orientirung über das Wesen der Berliner Brodpreisstatistik ist in der Tabelle des Jahres 1892 eingehenderes Zahlenmaterial mitgetheilt. Hier sind auchdie beiden Bäckereien A. und B. aufgeführt, und es ist ersichtlich, dass wenn auch mit einzelnen Abweichungen, so doch im

Grossen und Ganzen der Preis-Verlauf dem allgemeinen Gange entspricht; dies gilt auch für den Verlauf der Preise nach Jahren, gewiss eine bedeutsame Bestätigung der Zuverlässigkeit der Berliner Erhebungen, besonders in Verbindung mit der Thatsache, dass auch die Preise der Brode in den Markthallen für beide in Frage stehenden Sorten die allgemeine Bewegung mitmachen.

Der Unterschied der Preise der billigen Bäckerei und der theueren war recht bedeutend: 25.40 gegen 32.94, so dass die letztere einen um fast 30 Procent höheren Preis erhielt, als die erstere. Man hat hieraus gelegentlich theils die Zuverlässigkeit der Berliner Statistik bezweifelt, namentlich als Verfasser einmal nachwies, dass gerade in den Arbeitervierteln theuerere Preise gezahlt würden, theils folgern wollen, dass bei solchen Differenzen die Einwirkung des Kornzolls doch nicht sonderlich in Betracht komme. Eines ist so verkehrt wie das Andere. Um den letzteren Einwand zu widerlegen, braucht man eben nur die Tabelle anzusehen, welche zeigt, wie sowohl bei dem theueren, wie bei dem billigen Bäcker der Einfluss der Roggenpreise zu Tage tritt. Dass aber dieselben Waaren bei den verschiedenen Kaufleuten keineswegs immer in demselben Preise stehen, ist gar nicht so verwunderlich, am wenigsten in einer so grossen Stadt wie Berlin und bei einem Nahrungsmittel, dessen täglicher Consum einen Einkauf in beliebigen Stadtgegenden nicht zulässt. Ausser Localmiethe, Lohn, Feuerung, Umsatz u. a. m., dürfte es besonders die Creditgewährung sein, welche in den Arbeitervierteln den Preis häufig vertheuert. Gerade von der billigen Bäckerei A. konnte festgestellt werden, dass sie nur gegen sofortige Baarzahlung verkaufte und das Austragen der Backwaare nicht übernahm. Auch schienen Familienmitglieder als Gehülfen zu fungiren. Die besonderen Umstände, welche etwa Ursache der theueren Preise in der Bäckerei B. sind, blieben unbekannt. Es ist natürlich ein unerfüllbarer Anspruch an die Statistik, die Ursachen dieses oder jenes Preises für jede einzelne Bäckerei zu ergründen. Das Hineingehen in rein private Verhältnisse ist dem Statistiker nicht möglich.

Es wird darum an dieser Stelle davon abgesehen, künstliche Berechnungen über den muthmasslichen Gewinn des Müllers oder Bäckers anzustellen. Allgemeine Erhebungen liegen nicht vor, und Nachrichten über einzelne Fabriken haben nur localen Werth. Doch interessirt in dieser Beziehung wenigstens das Verhältniss des Brodpreises zu dem jeweiligen Kornpreis.

Jahr	Der Roggen-Brodpreis stand in Procenten höher als der		Der Roggenmehlpreis stand in Procenten höher als der Roggenpreis
	Roggenpreis	Roggenmehlpreis	
1886	59	16	37
1887	71	21	41
1888	58	12	41
1889	59	14	40
1890	60	16	42
1891	50	9	38
1892	67	23	36

Diese Tabelle zeigt in dem Verhältniss des Brodes zum Getreide und zum Mehl starke Verschiedenheiten, während das Verhältniss des Getreides zum Mehl stabiler geblieben ist. Dies rührt offenbar daher, dass sich die Schwankungen des Kornpreises auf den Mehlpreis schneller und präciser übertragen, als auf den Brodpreis. Man vergesse nicht, dass mit Korn und Mehl ein ausgedehnter Grosshandel stattfindet und dass die Börse hier zum Ausgleichen der Preise beiträgt, während Brode nur im Kleinverkauf stückweise vertrieben werden. Das gleichzeitige Verhältniss des Preises von Brod und Korn mag seit Monaten ein ganz normales und stabiles sein, bis die plötzliche Preisbewegung des letzteren, welche in dem Brodpreis erst nach einiger Zeit zum Ausdruck kommt, dieses Verhältniss plötzlich anders erscheinen lässt. So war in den Monaten Juni und Juli 1892 der Brodpreis 63 Procent höher als der Roggenpreis, bis das schnelle Fallen des letzteren im August den Procentsatz auf 95 steigerte; dann ging der Satz allmählich wieder herunter.

Die Linie der Preisdifferenzen in der graphischen Darstellung bringt dies zur Anschauung. Um correct zu verfahren, müsste man den Brodpreis mit dem Mehlpreis desjenigen Vormonats vergleichen, welcher als Einkaufsmonat für den Bäcker in Betracht kam. Indessen ist dies practisch nicht durchführbar, da die Einkaufszeiten bei den einzelnen Bäckern verschieden sind und die Beschränkung der Aufnahmen in Berlin auf 34 Geschäfte nicht hinreicht, ein bestimmtes Gesetz erkennen zu lassen.

Für die ganz genaue Vergleichung des Brodpreises mit dem Kornpreis würde aber selbst dies noch nicht ausreichen, indem man weiter die Brodpreise mit den Preisen desjenigen Quantums Roggen und Mehl vergleichen müsste, welches zur Herstellung der betreffenden Gewichtsmenge Brodes erforderlich war. Aber auch hier besteht keine Gleichmässigkeit. Die Ausbeute des Korns und Mehls ist nun unter verschiedenen Verhältnissen verschieden. Nach einer Schätzung im Statistischen Jahrbuch der Stadt (VI S. 131) ergaben 100 kg Mehl 136 kg. Brod, bezw. in 100 kg Brod sind etwa 72½ kg Mehl enthalten, eine Schätzung, welche den genauen Berechnungen der Bäckerei des städtischen Arbeitshauses ungefähr entspricht (1891/92: 614 755 kg Mehl verbacken zu 845 580 kg Brod, also in 100 kg Brod 72.54 gegen 72.06 im Jahre 1890/91 und 73.04 im Jahre 1889/90), also auf Berliner Brode wohl zutrifft. Weiter ergaben 100 kg Roggenkorn 60 kg Mehl, bezw. zur Herstellung von 100 kg Mehl gehören etwa 166 bis 167 kg Korn, so dass zur Bereitung von 100 kg Brod 122 kg Roggen gehören. (Aehnliche Berechnungen bei Jolowicz, Dampfmühlen- und Bäckerei-Besitzer: Getreidepreis und Brodpreis, Posen 1889, auch bei Schnider in der Zeitschrift des Königl. Preuss. Statist. Büreaus 1891.)

Legt man nun das Verhältniss von 72 Mehl und 122 Korn in 100 kg Roggenbrod zu Grunde, so sind in den nachstehend wiederholten Preisen für diese Einheit die nebenstehenden Preise für Mehl und Korn enthalten:

Jahr	Roggenbrod pro 100 kg	Roggenmehl pro 72 kg	Roggen pro 122 kg
1888 . . .	21.22	13.61	16.41
1889 . . .	24.72	15.67	18.97
1890 . . .	27.18	19.57	20.74
1891 . . .	31.62	22.77	25.77
1892 . . .	29.46	21.21	21.47

Vergleicht man diese Preise miteinander, so zeigt sich, dass der Brodpreis in den genannten Jahren um 21, 30, 31, 23 und 37 Procent höher stand als der quantitativ entsprechende Kornpreis, während sich diese Sätze in der ersten Berechnung auf 50 bis 67 stellten und 56, 58, 39, 39 und 39 Procent höher als der Mehlpreis, gegen 9 bis 23 Procent in den früheren Stätzen. Aber es ist diesen Berechnungen ein höherer Werth als jenen auch nicht beizulegen. Derartiges zu berechnen hat nur Sinn für eine grosse Zahl bestimmter Bäckereien, wo man den Calculationen nach den Geschäftsbüchern folgen, die Einkäufe des Rohstoffs mit den gelieferten Waaren und namentlich auch die Waarenpreise nicht nur mit den gleichzeitigen Rohstoffpreisen, sondern auch mit den eigentlich bei der Fabrication in Betracht gekommenen vergleichen kann.

Welche wesentlichen Momente hier noch mitsprechen, zeigt der Vergleich der Mehl- mit den Roggenpreisen. Die ersteren bewegten sich in den fünf Jahren 1888 bis 1892 zwischen 18.90 im Jahre 1888 und 29.05 im Jahre 1891 pro 100 kg. Da nun nach obiger Berechnung zur Herstellung dieses Quantums Mehl 166 kg Roggen erforderlich sind, so würde der in den genannten Preisen enthaltene Roggenpreis 22.33 bis 35.06 M. betragen. Dieses jedenfalls verkehrte Resultat ergiebt sich aus der Nicht-Berücksichtigung des Kleiepreises. Nach Jolowicz ergaben 100 kg Roggen vermahlen bei schlechter Ernte neben 60 kg Mehl 35 kg Kleie, welche er mit 8 M. pro 100 kg in Anrechnung bringt; bei 166 kg Roggen wären 58 kg Kleie mit in Rücksicht zu ziehen zu einem Betrage von etwa 4.65 M., sodass sich obige Preise auf 17.68 bez. 30.41 ermässigen würden. Ist darnach auch im Jahre 1888 der Mehlpreis um weniges höher, als der so berechnete Roggenpreis, so bleibt für 1891 das Missverhältniss bestehen, dass das Fabricat billiger ist, als der Rohstoff zu derselben Zeit.

Man sieht eben, dass die Vergleichung der zu gleicher Zeit notirten Preise gerade bei dieser Art der Berechnung, welche nur die bei der Fabrication benöthigten Quanta berücksicht, schliesslich versagt, und wird sich mit den einfachen Gegenüberstellungen gleichzeitiger Preise für dieselben Quanta begnügen müssen. Man kann dies um so eher, als die Hauptsache, der annähernd gleiche Verlauf der Korn-, Mehl- und Brodpreise bei Roggengebäck durch die Statistik ohnehin erwiesen wird.

Aber nicht nur beim Roggen-, sondern auch beim Weizengebäck hat die Berliner Statistik den Einfluss des Getreidepreises nachgewiesen.

Als im Herbst 1890 die Weizen- und Roggenpreise nahezu gleich standen, und der Weizenconsum namentlich in Folge des russischen Roggenausfuhrverbots eine höhere Bedeutung bekam, wurden die Ermittelungen des Statistischen Amts auch auf die Preise von Weiss- (Weizen-) Brod ausgedehnt. Es wurden zusammen mit den Roggenbroden bei den 34 Bäckern, bei jedem 4 „Schrippen", je 2 für 5 Pfennige angekauft und verwogen. Die „Schrippen" bestehen zu etwa drei Vierteln aus Weizen; zu einem Viertel aus Roggenmehl, in der Qualität war das Gebäck sehr wenig differirend.

Nachstehend werden die monatlichen Durchschnittspreise unter Hinzufügung der Weizenpreise mitgetheilt (Weizen, guter, gesunder, gelber, jeder Provenienz 71.5 kg per hl. Börsenpreise). Die Grosshandelspreise für Weizenmehl lagen nicht vor, die Notirungen im Kleinhandel erschienen ungenau:

Monate	Preise in Mark pro 100 kg im Jahre 1892 Weizenbrod	Weizen
Januar	46.62	21.43
Februar . . .	46.43	20.38
März	45.82	19.56
April . . .	45.48	19.00
Mai	45.71	18.98
Juni . . .	44.63	18.27
Juli	44.44	17.41
August	43.80	15.94
September . .	41.05	15.28
October . .	40.45	15.33
November . .	39.57	15.25
December . .	38.76	14.86
Durchschnitt 1892:	43.51	17.64

Die andere hier eingeschaltete Tabelle giebt den genaueren Preisverlauf für jede halbmonatliche Erhebung, insbesondere auch für die beiden oben beim Roggenbrod erwähnten Bäckereien, die billige A. und die theuere B. Die hier mitgetheilten Weizenpreise beruhen auf den Notirungen des Polizei-Präsidiums an den betreffenden Erhebungstagen.

Weizenbrod und Weizen in Berlin.

Monate 1892	Weizenbrodpreise pr. 100 kg (Mk.) in der ganzen Stadt höchster	niedrigster	durchschnittlich	insbesondere Bäckerei A.	B.	Weizen pro 100 kg Mk.
Januar .... Anfang	51.68	40.65	46.56	?	49.01	22.95
Mitte ..	53.76	35.71	46.89	35.71	48.54	22.05
Februar ...... Anfang	51.02	33.17	46.14	33.17	48.07	21.40
Mitte ..	56.66	34.60	46.75	34.60	47.28	20.80
März .... Anfang	52.49	36.50	46.08	36.50	45.87	21.20
Mitte ..	50.76	34.72	45.85	34.72	46.08	19.25
April .... Anfang	50.89	36.29	45.50	36.29	46.29	20.40
Mitte ..	53.05	35.59	45.38	35.59	47.96	20.05
Mai .... Anfang	54.20	34.97	45.64	34.97	42.74	20.80
Mitte ..	52.08	36.17	45.73	36.17	45.15	20.30
Juni .... Anfang	56.34	38.46	45.75	38.46	50.76	20.05
Mitte ..	52.63	37.74	44.05	37.74	43.48	19.45
Juli .... Anfang	51.41	36.50	44.65	36.50	47.50	19.05
Mitte ..	50.51	34.19	44.13	34.19	44.84	18.30
August .... Anfang	53.76	35.65	44.83	35.65	47.73	17.90
Mitte ..	49.26	37.17	43.83	38.99	45.98	16.80
September .... Anfang	50.63	32.53	42.69	32.53	43.76	15.75
Mitte ..	45.87	32.52	40.45	32.52	42.28	15.60
October ...... Anfang	49.75	32.73	40.62	34.60	41.58	15.75
Mitte ..	50.89	34.72	40.28	35.65	43.20	15.45
November .... Anfang	49.38	33.44	40.60	33.44	44.94	15.45
Mitte ..	51.55	30.53	39.22	30.53	43.48	15.35
December .... Anfang	46.19	30.30	39.22	30.30	40.32	15.20
Mitte ..	47.62	31.70	38.79	31.70	38.76	14.85
Ende ..	47.06	33.11	38.23	33.11	36.17	14.95
Durchschnitt 1892	—	—	43.51	34.73	44.87	18.36

Diese Statistik zeigt, eine so kurze Zeit sie auch erst umfasst, den Zusammenhang des Getreidepreises mit dem Brodpreise wenn möglich noch eklatanter. Der Weizenpreis fiel von Januar bis December 1892 von 21.43 M. pro 100 kg. auf 14.86, der Weizenbrodpreis von 46.62 auf 38.76 M. pro 100 kg. Der starke Fall des Weizenpreises von Juli zu August zog einen solchen beim Brodpreise von August bis September nach sich. Dies stellt eine Berücksichtigung der Getreidepreise seitens der Bäcker dar, die um so mehr hervorgehoben werden muss, als die grösseren Fabricationskosten des Weissbrodes und seiner umständlicheren Herstellung eine geringere Uebereinstimmung der Preisbewegung, als die thatsächlich beobachtete, wohl gerechtfertigt haben würden. Während der Brodpreis bei Roggengebäck um 67 Procent höher stand als der Getreidepreis, sind es bei Weizen 146 Procent, ein Verhältniss, welches wenigstens ungefähr zur Anschauung bringt, welche verschiedenen Calculationen hier und dort Platz greifen.

Besonders bestätigend für die Richtigkeit der Statistik ist es auch hier, dass nicht nur die höchsten und niedrigsten Preise, sondern auch diejenigen der beiden speciell aufgeführten Bäckereien die allgemeine Preisbewegung mitmachen.

2. Breslau.

In Breslau (vgl. die dortige städtische „Breslauer Statistik“) ist seit dem September 1891 die Brodpreisstatistik nach Berliner Art eingerichtet worden. Die amtliche Statistik (Director Dr. Neefe) sagt hierüber:

„Da das Brod seitens der hiesigen Bäcker nicht nach Gewicht, sondern in Stücken zu je 40, 45, 48, 50 etc. Pfennigen verkauft wird, war es zur Ermittelung der thatsächlichen Brodpreise erforderlich, das Gewicht des Brodes durch Wägungen festzustellen. Zu diesem Zwecke wird seit August v. J. Anfang und Mitte jedes Monats bei 8 Bäckern in verschiedenen Stadttheilen je ein ganzes Roggenbrod und für 10 Pf. Weissbrod (Semmeln), ein dunkles und ein helles Brod in einem Verkaufslager des

Consumvereins,*) sowie ein sogenanntes „Landbrod" von einem Bäcker aus der Umgegend, welcher regelmässig den hiesigen Wochenmarkt beschickt, vom städtischen statistischen Amt gekauft und gewogen. Brod und Semmeln werden in frischem Zustande (d. h. sie müssen in der letztvergangenen Nacht gebacken sein) an denselben Verkaufsstellen Vormittags angekauft, ohne dass den Inhabern die Bestimmung des Ankaufs bekannt ist. Etwaige „Zugaben" und Rabattmarken werden eingefordert und kommen in Anrechnung. Sofort nach dem Eintreffen der Backwaaren im Statistischen Amt, sowie am 2. und 3. Tage werden dieselben Mittags zwischen 12 und 1 Uhr von einem Beamten auf hierzu eigens beschaffter geaichter Waage gewogen."

Die Statistik ergiebt folgende Hauptresultate, Preise in Mark pro 100 kg.

Monate	Roggenbrod, Durchschnitt	Roggenmehl, hausbacken	Roggen	Weizenbrod, Durchschnitt	Weizenmehl, fein	Weizen
1891						
September ..	32.70	33.75	22.38	47.04	34.50	21.59
October	32.30	34.75	22 41	46.10	34.00	21.11
November...	32.36	35.50	23.44	47.38	35.00	22.79
December...	32.06	34.25	22.65	46.70	34.00	22.63
1892						
Januar	31.64	31.50	21.89	47.50	31.00	21.54
Februar	31.60	31.75	20.85	46.80	32.00	20.68
März	31.06	30.75	20.36	44.72	31.25	20.59
April	29.88	29.50	20.25	44.66	31.25	20.56
Mai	29.58	28.75	19.54	44.56	30.25	20.10
Juni	29.58	28.25	18.75	44.34	28.75	19.73
Juli	27.72	25.25	17.39	43.14	27.75	19.14
August	24.92	21.00	13.85	41.88	24.25	17.16
September ..	22.98	21.25	14.18	39.82	23.75	15.11
October.....	21.96	19.25	13.48	39.48	22.50	14.74
November...	21.24	18.25	12.88	37.70	21.75	14.43
December...	21.10	18.25	12.53	36.98	21.50	14.02
Durchschnitt 1892	26.94	25.31	17.16	42.63	27.17	18.15

*) Die Blätter für Genossenschaftswesen (No. 12 von 1893) citiren folgende Stelle aus dem Geschäftsbericht dieses Vereins:

Auch in der Breslauer Statistik zeigt sich demnach deutlich die Einwirkung der Getreide- auf die Brodpreise. Beim Roggen fielen erstere von 21.89 im Januar auf 12.53 im December, letztere von 31.64 auf 21.10, beim Weizen erstere von 21.54 auf 14.02, letztere von 47.50 auf 36.98.

Die Verschiedenheit der Preise bei den einzelnen Bäckern war nicht geringer als in Berlin; so wies die erste Erhebung im Jahre 1893 beim Roggenbrod einen höchsten Preis von 24.80, einen niedrigsten von 14.80 bei einem Durchschnitt von 20.88 auf, beim Weissbrod ein Maximum von 50.00, ein Minimum von 30.10 bei einem Durchschnitt von 37.30.

Auffallend ist hier das nahe Zusammengehen der Roggenmehl- und Roggenbrod-Preise beim Vergleich derselben Monate. Auch dies spricht dafür, dass der Brodpreis unter dem Einfluss nicht des gleichzeitigen, sondern eines früheren Getreidepreises steht.

3. Cöln.

Von dieser Stadt liegen dem Verfasser nur sehr approximative Brodpreise vor, welche indessen nachstehend aufgeführt werden:

	Preise pro 100 kg in Mark		
1892	Schwarzbrod	Roggenmehl	Roggen
Januar	26	46	21.16
Februar . . .	26	45	20.30
März	24	44	20.10
April	25	43	.

„Unser Verein, dessen statutenmässige Aufgabe es ist, seinen Mitgliedern gute und billige Lebensmittel und Gebrauchsgegenstände zu beschaffen, und ihnen Gelegenheit zu geben, aus dem dabei erzielten Ueberschuss Kapital zu sammeln, hat das im vergangenen Jahre, namentlich im zweiten Semester, stattgefundene Heruntergehen der Preise verschiedener Lebensmittel im Interesse der Mitglieder mit besonderer Freude begrüsst. Die Berechnung ergiebt, dass die Vereinsmitglieder für die von ihnen in den sechs Monaten von Juli bis Dezember verbrauchten 1 389 800 kg Weizen- und Roggenmehl und 6 412 072 kg Brod allein rund 855 000 M. weniger ausgegeben haben, als sie für gleiche Mengen zu den hohen Preisen derselben Monate des Vorjahres hätten bezahlen müssen.“

1892	Preis pro 100 kg in Mark Schwarzbrod	Roggenmehl	Roggen
Mai	20	40	.
Juni	24	40	18.37
Juli	22	38	17.65
August	20	38	14.99
September . .	16	36	15.32
October . . .	16	35	16.12
November . . .	16	34	15.18
December . . .	16	34	14.22
Durchschn. 1892	21	39	17.34
„ 1891	22	42	22.24

Auch diese Tabelle ist ein Beweis für das übereinstimmende Zurückgehen der Preise. Die Höhe der Mehlpreise gegenüber den niedrigen Brodpreisen spricht dafür, dass das Schwarzbrod wohl aus billigeren Mehlsorten hergestellt worden ist, als den hier angeführten.

4. Frankfurt a. M.

Das Frankfurter Statistische Amt hat dem Berliner folgende Zahlen zur Verfügung gestellt:

Jahr	Roggenbrod	Gem.-Brod	Roggen	Weizen	Roggenmehl	Weizenmehl
1886 . .	21.50	26.00	14.09	19.00	20.00	26.04
1887 . .	21.75	25.33	13.70	19.22	22.71	28.46
1888 . .	22.70	25.83	14.56	19.86	23.21	30.96
1889 . .	23.25	27.33	15.87	21.42	25.00	31.00
1890 . .	23.25	28.66	17.07	21.65	26.00	32.00
1891 . .	28.48	31.27	21.51	23.66	28.67	33.33

Ueber die Zusammensetzung der Brode liegen Nachrichten nicht vor. Im Jahre 1891 wurden für Roggenbrod und gemischtes Brod in den ersten drei Monaten Preise von 23.25 bezw. 28.66 notirt, im April und Mai von 24 bezw. 30, im Juni und Juli von 29.50 bis 31.33, dann bis zum

Jahresschluss von 33 bezw. 33.33. Der Roggen stieg im Preise von 17.43 im Januar bis 24.81 im November, der Weizen von 20.00 im Januar bis 25.44 im Mai, dann traten Schwankungen ein; im November wurde ein Preis von 25.18, im December von 24.57 notirt.

b. Bayern.

In der Zeitschrift des Kgl. Bayer. Statistischen Bureaus werden Brodpreise seit einer Reihe von Jahren aufgeführt; 1876 in 8, 1877 in 9, 1878 und 1879 in einigen 20, seit 1880 in einigen 60 Marktorten. Für dieselben Orte sind auch Mehlpreise mitgetheilt, die Roggenpreise indessen nur für ganz Bayern. Nachstehend sind die Durchschnittswerthe aus den Brodpreisen für die einzelnen Märkte berechnet worden (pro 100 kg in M.):

Jahr	Schwarzbrod	Roggen	Jahr	Schwarzbrod	Roggen
1876:	28.00	17.56	1885:	27.52	15.60
1877:	29.74	18.70	1886:	27.34	14.38
1878:	27.76	16.04	1887:	26.81	14.18
1879:	25.66	15.94	1888:	26.85	15.36
1880:	28.96	20.00	1889:	27.85	15.92
1881:	30.22	20.90	1890:	28.77	17.38
1882:	29.96	17.92	1891:	30.74	20.38
1883:	28.26	15.18	1892:	30.79	17.30
1884:	28.00	16.08			

1892: höchster Brodpreis; 40.00 in Laufen,
„ niedrigster „ 24.00 in Kirchheimbolanden, Grünstadt, Homburg, Hof.

Die Fluctuation der Preise ist der Hauptbewegung, dem Steigen und Fallen, nach von Jahr zu Jahr die nämliche. Eine Ausnahme macht das Jahr 1883 zu 1884. Seit 1884 ist eine Aenderung in den Notirungen in der Weise eingetreten, dass die Notirungen für eine bessere Qualität von Roggenbrod, welche hier indessen nicht mit berücksichtigt worden sind, von da an fortblieben.

Hinsichtlich des Weizenbrodes und des Weizens mag die Aufführung des letzten Jahrzehnts genügen. Es kosteten 100 kg M.:

Jahr	Weizenbrod	Weizen	Jahr	Weizenbrod	Weizen
1882:	55.39	23.40	1888:	45.55	19.76
1883:	52.29	21.14	1889:	46.63	20.32
1884:	50.77	19.78	1890:	47.18	21.68
1885:	48.13	18.62	1891:	49.67	23.50
1886:	46.88	19.16	1892:	49.56	20.44
1887:	46.39	18.70			

1892: höchster Brodpreis 78.00 in Dinkelsbühl,
„ niedrigster „ 24.00 in Münchberg.

Da nun ein solch berechneter Durchschnitt nicht den Werth der Original-Notirungen hat, so sind dieselben aus der amtlichen Statistik für die folgenden Hauptstädte extrahirt worden:

Jahr	München		Nürnberg		Augsburg		Würzburg	
	Roggenbrod	Weizenbrod	Roggenbrod	Weizenbrod	Roggenbrod	Weizenbrod	Roggenbrod	Weizenbrod
1883	30	72	30	68	38	56	26	52
1884	30	72	32	54	38	58	26	52
1885	30	72	30	54	38	58	24	50
1886	30	72	28	52	38	58	24	50
1887	30	72	26	48	38	58	24	40
1888	34	70	26	46	38	58	22	40
1889	36	68	30	48	36	58	24	40
1890	36	70	32	48	30	58	24	42
1891	38	72	32	50	32	60	32	46
1892	38	.	36	52	36	56	30	38

Hinsichtlich des Werthes der Ermittelungen war der städtischen Statistik in Berlin die amtliche Auskunft geworden, dass dieselben den wirklichen Preisen entsprechen. Allerdings war darauf hingewiesen worden, dass nahezu sämmtliche in der Statistik einbezogene grösseren Marktorte von den Befugnissen der §§ 73 und 74 der Gewerbeordnung hinsichtlich der Bekanntgebung der Preise Gebrauch gemacht haben, und dass die thatsächlichen Preise von diesen angeschriebenen insofern abweichen, als die Brode zu einem höheren Gewicht, als dem angeschriebenen ausgebacken werden. Indessen hat man in den Städten, wo diese Wahrnehmung gemacht wurde, die angeschlagenen

Preise nicht für die Statistik benutzt, sondern separate Erhebungen angestellt.

Ausser den obigen Angaben liegen noch weitere Nachrichten für München vor in der Schrift des dortigen städtischen statistischen Amts über den „Münchener Marktverkehr in den Jahren 1879 bis 1889“ (München 1890). Diese Schrift bemerkt: „Unmittelbar an die Mehlpreise haben sich die Brodpreise zu schliessen, die nur nach den Mittheilungen der Marktinspektion, wie sie regelmässig in der Gemeindezeitung veröffentlicht werden, beleuchtet werden können. Diese Mittheilungen gründen sich auf die Preisanschreibungen in den Verkaufsräumen der Bäcker, welche verpflichtet sind, auf diese Weise die Preise, richtiger das Gewicht ihrer Backwaaren bekannt zu geben, denn nach Münchener Uebung bleiben die Preise für Brodwaaren regelmässig gleich, während das Gewicht derselben einen Wechsel unterzogen werden kann. Die Bäcker können dieses Gewicht, da eine Taxe nicht vorgeschrieben ist, nach Belieben bestimmen, sie werden aber straffällig, wenn die Waare bei polizeilicher Untersuchung mit geringerem Gewicht befunden wird, als in den Verkaufsräumen vorgeschrieben steht. Da es schwierig ist beim Zurichten des Brodes in nassem Zustande ganz genau zu bestimmen, welches Gewicht dasselbe haben wird, wenn es aus dem Ofen kommt, schützen sich die Bäcker begreiflicherweise vor Zuwiderhandlung gegen die bestehenden Vorschriften dadurch, dass sie ein Mindestgewicht anschreiben, dem gegenüber die Waare in der Regel schwerer wiegt. In Folge dessen ist auch beim Steigen des Getreide- und Mehlpreises nicht unbedingt sofort ein Nachlassen im vorgeschriebenen Gewicht nothwendig, und bleibt das letztere deshalb mitunter längere Zeit unverändert, als man nach den Getreide- oder Mehlpreisschwankungen annehmen sollte. . . . Für die sämmtlichen Roggenbrodsorten blieb die Gewichtsangabe von 1879 bis 1888 unverändert mit 210 Gramm für das 6 Pfennigstück, 420 Gramm für das 12 Pfennigstück, 870 Gramm für das 25 Pfennigstück und 1740 Gramm für das 50 Pfennigstück“. Angesichts dieser für die Kritik sehr wichtigen Darlegungen kann von dem weiteren Eingehen auf diese Preise wie auch auf die Weizenbrodpreise — obwohl diese etwas mehr variiren — abgesehen werden.

c. Sachsen (Dresden).

Hier sind dem Verfasser nur amtliche Zahlen der städtischen Statistik von Dresden bekannt geworden. Insbesondere handelt es sich um einen Aufsatz des Directors des Statistischen Amts daselbst, Edelmann, in der Sächsischen Landwirthschaftlichen Zeitschrift vom 12. November 1892, dessen Zahlen bis zum Jahresschluss freundlichst ergänzt worden sind.

Edelmann bemerkt, dass die Ergebnisse der Dresdener Statistik denen der Städte Berlin und Breslau als gleichwerthig angereiht werden können. „Die polizeiliche Vorschrift, welche den Brodverkauf nur nach Gewicht gestattet und die daran sich anschliessenden, mit Nachwägungen verbundenen Ueberwachungsmassregeln erleichtern hier die Preisermittelung und bieten ihr eine feste Grundlage".

Die Preisermittelung wie die Polizeivorschrift zieht nur das Schwarz-(Roggen-)brod in Betracht. Der Verkauf desselben darf — soweit der Käufer nicht ausdrücklich etwas anderes verlangt nur nach ganzen und halben Kilogrammen erfolgen. Auf jedem Brode ist das Sollgewicht durch Eindrücken anzugeben. Das wirkliche Gewicht muss innerhalb der ersten vierundzwanzig Stunden nach der Entnahme aus dem Backofen dem Sollgewicht mindestens gleich sein, für jeden der darauf folgenden drei Tage darf das wirkliche Gewicht um je 10 Gramm für je 1 Kilogramm des Sollgewichts niedriger sein. Ein Anschlag im Verkaufslocale muss nach ganzen oder halben Kilogrammen den Preis aufweisen (Verordnung v. 15. Mai 1889).

Es kosteten 100 kg Schwarzbrod (Plauensches No. II) nach den Angaben einer grossen Bäckerei, sowie die gleiche Quantität Roggenmehl (No. 0 bis 1 im Grosshandel netto) und Roggen (im Grosshandel netto) Mark:

Jahr	Brod	Mehl	Roggen
1886	20.1	22.05	13.87
1887	20.0	21.38	12.78
1888	21.1	22.73	13.87
1889	23.4	25.80	16.12
1890	25.4	28.20	17.33
1891	29.1	33.90	20.76
1892	27.4	29.50	17.57

Die monatliche Preisbewegung der letzten drei Jahre gestaltete sich folgendermaassen:

Monate	1890			1891			1892		
	Brod	Mehl	Roggen	Brod	Mehl	Roggen	Brod	Mehl	Roggen
Januar . .	26.0	29.5	18 06	26.0	28.7	17.60	31.5	36.4	21.57
Februar . .	25.8	29.0	17.57	26.0	29.0	17.69	30.0	34.9	20.26
März . .	25.0	28.3	17.35	26.0	29.4	17.89	30.0	34.6	20.85
April . .	25.0	27.9	17.10	27.2	30.8	18.48	30.0	33.0	20.40
Mai . . .	25.0	27.4	16.94	28.0	32.8	19.99	29.0	31.6	19.31
Juni . . .	25.0	26.5	16.56	29.0	33.4	20.53	28.6	30.9	18.90
Juli . . .	25.2	27.6	17.65	29.0	33.1	20.72	28.0	30.4	18.56
August . .	25.3	27.6	16.46	31.0	37.3	22.73	26.0	26.9	15.03
September	25.0	28.2	16.94	32.0	38.6	23.25	25.0	25.7	15.12
October .	26.0	28.5	17.50	31.5	37.2	23.23	24.3	23.9	14.28
November	26.0	28.9	18.09	31.8	38.2	23 87	23.8	23.2	13.33
December	26.0	28.9	17.74	32.0	38.0	23 16	23.0	22.1	13.26
Durchschn.	25.4	28.2	17.33	29.1	33.9	20.76	27.4	29.5	17.57

Die Einwirkung der Getreidepreise auf den Brodpreis sind auch hier deutlich genug. Die eingehenden Untersuchungen Edelmanns, welcher die Zeiten des Steigens wie des Sinkens der Preise in Abschnitten nach der Preistendenz zerlegte, haben ihn zu der Bemerkung geführt, dass „die Fortpflanzungsgeschwindigkeit während des Fallens geringer“ sei, und „es ist, als hätte die Welle der Getreidepreise aufwärts die Brodpreise vor sich her geschoben, abwärts nur hinter sich nachgezogen.“

d. Württemberg (Stuttgart).

Die Württembergischen Jahrbücher für Statistik (herausgegeben vom Kgl. Statistischen Landesamt) theilen die Preise von Brod für Stuttgart mit.

Auch hier ist von den Befugnissen der Gewerbeordnung Gebrauch gemacht worden, indem die Brodpreise durch einen von aussen sichtbaren Anschlag im Geschäftslocale zur Kenntniss gebracht werden müssen. Ausserdem ist bestimmt, dass die Krume der Brode in ausgebackenem oder erkaltetem Zustande bei weissen Brode nicht über 45, bei schwarzen nicht über 48 Procent Wasser enthalten darf. (Polizei-Verordnung v. 16. Januar 1888.)

Die üblichen Brodsorten sind Weissbrod (50 Procent Mehl No. 1 und 50 Procent No. 3), Schwarzbrod (Hausbrod 20 Procent Mehl No. 3 und 80 No. 4) und Halbweissbrod ($33^1/_3$ Procent Mehl No. 1 und $66^2/_3$ No. 3). Roggenbrod ist in Stuttgart nicht üblich. Wesentlich in Betracht kommt dagegen Kernen. Der Preis der verschiedenen Brodsorten wird von der Bäckergenossenschaft alljährlich auf Grund von Backproben berechnet. Derselbe liegt den statistischen Angaben zu Grunde und soll den thatsächlichen Preisen entsprechen. Für das Jahr 1887 liegt z. B. die Angabe vor, dass bei Weiss- und Halbweissbrod 132 Kilogramm Brod auf 100 Kilogramm Mehl bei einem Fabricationspreise von 8 M., bei Schwarzbrod 146 Kilogramm bei 7 M. Fabricationskosten als Backresultat gerechnet werden. Die zu Grunde gelegten Mehlpreise sind die der Stuttgarter Börse. Weiss- und Halbweissbrod pflegt in Grössen von $^1/_2$ und 1 Kilogramm, Schwarzbrod von 1 und $1^1/_2$ Kilogramm gebacken zu werden.

Für Stuttgart liegen in einer Abhandlung der Württembergischen Jahrbücher vom Jahre 1873 (v. Riecke) Preise von Weissbrod bis 1818 zurück vor, für Kernen bis 1833 zurück, beide in Gulden und Kreuzern. Nach erfolgter Umrechnung (1 Kreuzer = 2.85 Pfennige) sind diese Zahlen zusammen mit denen der folgenden Jahre für eine graphische Darstellung benutzt worden. Allerdings scheint der Umstand, dass bis zum Jahre 1866 die Kernenpreise in der Regel höher stehen, als die Preise von Weissbrod, von da ab niedriger auf ungleichartige Quantitäten des Brodes oder des Getreides hinzuweisen. Immerhin war es interessant, für eine so lange Reihe von Jahren diese Zahlen wenigstens graphisch zu betrachten.

Seit 1851 lagen auch für Schwarzbrod Preise vor, und zwar für 3 kg. Dieselben sind pro 100 kg umgerechnet worden. Die seit 1886 in den Quellen selbst vorgenommene

Umrechnung berücksichtigte leider nicht die Bruchtheile von Pfennigen.

Weissbrod in Stuttgart 100 kg in M.:

1818: 20.8	1829: 14.3	1840: 18.0
1819: 13.3	1830: 13.3	1841: 16.2
1820: 11.4	1831: 16.2	1842: 18.0
1821: 11.4	1832: 20.8	1843: 20.0
1822: 13.3	1833: 14.3	1844: 18.0
1823: 15.2	1834: 13.3	1845: 18.0
1824: 11.4	1835: 13.3	1846: 24.7
1825: 12.3	1836: 11.4	1847: 26.6
1826: 12.3	1837: 14.3	1848: 16.2
1827: 12.3	1838: 17.1	1849: 13.3
1828: 16.2	1839: 18.0	1850: 13.3

Preise pro 100 kg in M.

Jahr	Weissbrod	Schwarzbrod	Jahr	Weissbrod	Schwarzbrod	Mehl No. 1	Weizen (Württemberg)	Kernen (Württemberg)
1851	17.00	15.00	1872	31.00	29.33	50	26.74	26.86
1852	20.67	18.67	1873	34.33	32.33	54	29.20	30.22
1853	21.33	19.67	1874	34.33	32.33	51	26.98	27.54
1854	27.67	25.67	1875	27.00	25.00	43	21.50	21.56
1855	25.33	23.33	1876	29.00	27.00	49	23.76	24.58
1856	21.67	19.67	1877	31.00	29.33	50	25.14	26.16
1857	20.33	18.33	1878	29.67	27.67	48	22.56	22.76
1858	16.33	14.67	1879	27.00	25.00	42	21.28	21.58
1859	16.67	14.67	1880	30.00	28.00	46	23.45	23.81
1860	23.00	21.33	1881	30.67	28.67	43	23.56	23.75
1861	24.67	23.00	1882	31.33	29.00	43	22.57	23.63
1862	23.33	21.33	1883	28.00	25.67	38	19.04	19.29
1863	22.67	20.67	1884	27.00	25.00	38	18.44	18.75
1864	21.67	19.67	1885	26.00	24.00	38	17.92	18.11
1865	20.67	18.67	1886	26	24	38	17.68	17.94
1866	22.33	20.33	1887	26	20	38	18.88	18.95
1867	29.33	27.33	1888	26	20	38	20.23	20.64
1868	28.67	26.67	1889	28	23	38	20.03	20.52
1869	22.33	20.67	1890	28	24	38	21.43	21.71
1870	25.33	23.33	1891	30	25	41	22.48	22.92
1871	29.00	27.00						

Im Jahre 1891 gingen die Preise von Weissbrod von 28 in den Monaten Januar, Februar, März und 29 im April auf 30 in den drei folgenden Monaten und 31 im August hinauf; die letzten 4 Monate zeigten einen Preis von 32. Schwarzbrod wurde bis Juli mit 24, im August mit 25, in den letzten Monaten mit 26 notirt, Mehl No. 1 mit 38 bis Juni, 42 im Juli, 43 im August, dann mit 44. Die Preise von Weizen und Kernen setzten mit 19.11 bezw. 19.28 M. ein, stiegen bis Juni auf 25.60 bez. 24.17, fielen im Juli auf 22.63 bez. 23.71 und stiegen bis November wieder auf 23.69 bez. 24.79 M. im Monatsdurchschnitt. Der Monat December zeigte dann wieder einen Preisrückgang um 46 bez. 71 Pfennige.

Eine noch grössere Uebereinstimmung des Ganges der Brod- und Getreidepreise als sie sich hier zeigte, kann bei der eigenartigen Composition des Gebäcks nicht wohl vorausgesetzt werden.

e. Baden.

Die amtliche Badische Statistik (Jahrbücher) enthält für eine Anzahl von Marktorten (zuletzt 25) die Preise von Brod, „gangbarste Sorte", Weizenmehl No. 1, Roggenmehl No. 1, Weizen, Kernen und Roggen. Ein Durchschnitt ist in den Jahrbüchern bereits berechnet. Auch hier ist in fast allen Orten von den Bestimmungen der §§ 73 und 74 der Gewerbeordnung Gebrauch gemacht worden, und es beruhte die Brodpreis-Statistik auf diesen Bekanntgebungen der Bäcker. In Karlsruhe, Mannheim und Müllheim wird zuweilen unter dem angeschlagenen Preise verkauft.

Die „gangbarste Brodsorte", welche von der Bevölkerung „Schwarzbrod" genannt wird, besteht aus $^1/_2$ bis $^3/_4$ geringerem Weizenmehl und $^1/_4$ bis $^1/_2$ Roggenmehl, auch nur aus geringem Weizenmehl.

Die Preise betrugen pro 100 kg in Mark:

Jahr	Brod	Jahr	Brod	Weizen-mehl	Roggen-mehl	Weizen	Kernen	Roggen
1871	28	1881	26.6	46	34	24.76	24.18	19.46
1872	28	1882	28.0	48	34	23.50	23.34	18.08

Jahr	Brod	Jahr	Brod	Weizen-mehl	Roggen mehl	Weizen	Kernen	Roggen
1873	28	1883	27.0	46	34	19.98	19.56	15.84
1874	30	1884	26.0	42	32	19.20	18.88	16.14
1875	24	1885	25.0	42	32	18.68	18.32	15.58
1876	26	1886	25.0	40	30	18.32	18.16	14.30
1877	28	1887	24.8	40	30	18.70	18.72	14.12
1878	28	1888	25.3	41	31	19.64	19.92	14.97
1879	25	1889	26.9	42	33	20.01	20.17	15.80
1880	26.6	1890	27.0	42	33	21.25	21.50	17.09
		1891	27.4	44	35	23.05	23.07	19.35
		1892	27.5	43	36	20.06	20.26	17.17

Im Jahre 1891:

Monate:						
Januar	25.9	42	33	20.27	19.92	16.77
Februar	25.8	42	33	20.67	20.10	16.94
März	25.9	42	33	21.56	21.16	17.29
April	26.2	44	34	23.13	22.89	18.38
Mai	27.3	44	35	24.43	24.22	19.54
Juni	27.6	44	35	23.94	24.00	19.39
Juli	27.8	44	36	23.96	23.66	18.78
August	27.9	44	36	23.98	24.27	19.76
September . . .	28.5	45	37	23.82	24.58	21.00
October	28.5	45	37	23.70	23.94	21.16
November . . .	28.6	45	37	24.27	24.30	21.75
December . . .	28.8	45	37	24.01	23.80	21.84

Im Jahre 1892:

Monate:						
Januar	29.2	45	38	23.35	23.13	20.64
Februar	29.1	45	38	22.95	22.66	19.57
März	28.8	45	38	22.72	22.88	19.48
April	28.6	44	37	21.91	21.79	19.17
Mai	28.4	44	37	20.77	21.19	17.96
Juni	27.8	44	36	20.55	20.97	18.37
Juli	27.5	43	36	20.02	20.20	16.79
August	27.3	43	36	18.66	19.23	15.06
September . . .	26.4	41	34	18.06	18.20	15.13

Im Jahre 1892:

Monate:	Brod	Weizen-mehl	Roggen-mehl	Weizen	Kernen	Roggen
October	25.7	41	33	18.31	18.11	15.19
November . . .	25.7	41	33	17·90	17.83	15.05
December . . .	25.3	40	32	17.28	16.92	14.55

Nach den verschiedenen Marktorten schwankten die Brodpreise im Jahre 1892 zwischen 23.2 in Lahr und 33.3 in Baden.

f. Hessen.

Die Mittheilungen der Grossherzogl. hessischen Centralstelle für Landesstatistik enthalten Notirungen für gemischtes Brod und Roggenbrod, Roggenmehl, Weissmehl, Roggen, Weizen u. s. w.

Reines Roggenbrod kommt selten vor; die Brode enthalten bis zu $^2/_3$ Weizen- und $^1/_3$ Roggenmehl, oder auch zu gleichen Theilen von beiden Mehlsorten; das sogenannte Roggenbrod besteht immer noch aus $^1/_4$ Weizenmehl. Nach einer amtlichen Erklärung aus dem Ende des Jahres 1887 wurde die Brodpreisstatistik für mangelhaft gehalten, weil nicht die höchsten und niedrigsten Preise einer und derselben Brodsorte, sondern die Preise der besten und schlechtesten Sorte zu Grunde gelegt wurden. Es ist dem Verfasser nicht bekannt, ob seitdem Aenderungen hierin eingetreten sind. Jedenfalls ist trotz der etwaigen Incorrectheit der Erhebungen der entscheidende Einfluss der Getreidepreise auf die Brodpreise nicht zu verkennen.

Der ganzen Statistik liegen auch in diesem Lande die von den Bäckern in den Verkaufslocalen angeschriebenen Preise zu Grunde, indem auch hier die Bestimmungen der Gewerbeordnung über die Taxen zur Einführung gelangt sind.

Die Preise betrugen für 100 kg in Mark:

Jahr		Roggen-brod	Roggen-mehl	Weiss-mehl	Roggen	Weizen
1881		28	34	46	21.18	23.84
1882		26	32	44	18.34	23.05
1883		26	30	44	16.18	20.20
1884		23	28	40	16.33	19.02
1885		23	28	39	16.00	18.18
1886		23	27	37	14.80	17.54
1887		22	25	36	14.36	18.19
1888		21	26	37	15.09	18.80
1889		23	27	38	16.34	19.44
1890		24	29	38	17.85	20.59
1891		27	33	40	21.40	23.24
1892		26	30	37	18.37	19.76
1891	Januar	24	29	38	17.54	19.81
	Februar	24	29	38	17.89	20.14
	März	24	30	38	18.63	21.35
	April	25	31	40	20.31	23.52
	Mai	26	32	40	21.09	24.56
	Juni	26	32	40	21.17	23.97
	Juli	26	32	40	21.10	23.44
	August	28	35	42	23.35	24.27
	September	28	34	41	23.65	23.99
	October	29	35	42	23.74	24.33
	November	29	35	42	24.35	24.64
	December	28	35	42	23.95	24 29
1892	Januar	28	34	41	22.61	23.22
	Februar	28	34	40	21.65	22 65
	März	28	33	40	21.19	22.08
	April	27	33	40	20.62	21.78
	Mai	27	33	39	20.14	21.10
	Juni	27	32	38	19.57	20.61
	Juli	26	31	37	18.25	19.80
	August	25	28	36	15.61	17.69
	September	24	28	35	15.52	17.29
	October	24	26	34	15.51	17.28
	November	24	25	33	15.13	16.89
	December	23	25	33	14.69	16.69

Die Preise für gemischtes Brod stellen sich auf:

1888: 26
1889: 27
1890: 28
1891: 30
1892: 29

Die Bewegung in den einzelnen Monaten der Jahre 1891 und 1892 begann 1891 mit 27, stieg auf 28, 29, 30 und 32 Pfennige in den 5 letzten Jahresmonaten. Dieser Preis wurde noch im Januar und Februar 1892 notirt, fiel auf 31 in den drei folgenden Monaten, auf 30 in den beiden nächsten, auf 29 im August und war im September wieder auf 27 angelangt. Im December wurde ein Preis von 26 notirt.

g. Oldenburg.

Der amtlichen Statistik sind folgende neuere Nachrichten zu entnehmen:

Jahr	Roggenbrod in den Marktorten 100 kg in M.				Roggen 25 Liter			
	Oldenburg	Jever	Varel	Vechta	Oldenburg	Jever	Varel	Vechta
1851/55	18.2	16.6	15.8	.	3.21	.	.	.
1856/60	16.2	15.0	15.2	.	2.94	.	2.93	.
1861/65	13.8	13.8	14.4	14.0	2.64	2.60	2.74	2.55
1866/70	16.6	16.2	16.0	15.6	3.23	3.19	3.18	3.10
1871/75	16.4	16.0	15.4	15.0	3.37	3.03	3.06	3.09
1876/80	16.0	16.0	14.6	17.2	2.93	2.73	2.89	2.85
1881/85	16.0	16.0	16.0	16.4	2.97	2.67	2.91	2.83
1886/90	14.0	14.0	14.0	14.0	2.74	2.46	2.55	2.58

Zu derselben wird bemerkt:

„dass übrigens derartige Angaben für die Durchschnittspreise der Lebensmittel mit einiger Vorsicht anzusehen sind, ergiebt sich aus einer Gegenüberstellung der Preisangaben für Roggenbrod und der Roggenpreise selbst. Ganz im Allgemeinen entspricht einem Steigen der letzteren naturgemäss auch ein solches der ersteren, indessen kommt selbst der Fall vor, dass der Roggenpreis während eines Jahrfünfts gegen das voraufgehende fällt, und der Brodpreis steigt, so zwischen 1866/70 und 1871/75 in Oldenburg und 1871/75 und 1876/80 in Vechta. Eine fast regelmässig beobachtete Erscheinung ist, dass der Preis des Brodes beim Fallen des Roggenpreises langsamer von seiner Höhe herabgeht, was sich aus naheliegenden Gründen leicht erklären lässt, auffällig ist aber, dass ein Steigen des Roggenpreises auf die Brodpreise keinen Einfluss ausübt, wie dies zwischen 1876/80 und 1881/85 in Oldenburg der Fall gewesen sein soll." („Das Herzogthum Oldenburg", im Auftrage des Ministeriums, herausgegeben von Kollmann, Oldenburg 1893).

Obwohl diese Bemerkung im Allgemeinen den Einfluss der Roggen- auf die Brodpreise zugiebt und angesichts des Materials auch zugeben muss, ist doch die gleichfalls geltend gemachte Auffälligkeit kleiner Abweichungen eben deswegen nicht so verwunderlich, weil die Daten nicht ganz genau sind, und eine wirklich bemerkenswerthe Nichtübereinstimmung der Preisbewegung eigentlich nur einmal (1871/75 zu 1876/80) in Vechta vorkam.

h. Elsass-Lothringen (Strassburg).

Dem Actenmaterial des Statistischen Amts werden folgende Zahlen für Strassburg entnommen (Preise in Mark pro 100 kg., Mehl und Korn im Grosshandel):

Jahr	Weissbrod	Schwarzbrod	Weizenmehl No. 1	Roggenmehl No. 1	Weizen	Roggen
1886	27.2	20.0	32.52	25.25	18.78	15.31
1887	27.6	21.2	33.55	26.67	19.44	14.80

Jahr	Weissbrod	Schwarzbrod	Weizenmehl No. 1	Roggenmehl No. 1	Weizen	Roggen
1888	27.6	22.4	32.46	25.64	19.34	15.61
1889	28.8	25.6	33.21	26.37	21.36	17.32
1890	28.8	27.2	34.80	27.80	22.73	18.64
1891	30.8	27.6	39.33	32.04	25.22	22.02

Während das Weissbrod reines Weizenmehl (mit Zusatz von „Welschkorn- oder Saubohnenmehl“) enthalten soll, soll in dem Schwarzbrod bei 4 Theilen Roggen- 1 Theil Weizenmehl enthalten sein.

Für den thatsächlichen Preisen ganz entsprechend werden die Brodpreise, obwohl sie wöchentlich einmal ermittelt werden, kaum zu halten sein, da ihre monatliche Bewegung ganz geringfügig ist. So wurde seit Ende October 1888 für Weissbrod ein Preis von 28.8 bis Anfang September 1891 notirt, worauf bis zum Schluss des Jahres 34.0, für Schwarzbrod 24.0 bis Mitte Juli, dann 27.2 und seit Anfang September 28.0.

V.

Ueberblickt man das hier beigebrachte Zahlenmaterial, so wird man vom technischen Standpunkte aus nach verschiedenen Richtungen hin Manches daran auszusetzen finden. Im Allgemeinen ist die kritische Erläuterung schon bei Erwähnung der einzelnen Tabellen gegeben worden.

Man wird nun bei der Benutzung dieses Materials zwei Fragen auseinander zu halten haben: 1. Welches der Brodpreis für eine bestimmte Qualität ist und 2. Wie sich die Brodpreise den Getreidepreisen gegenüber verhalten.

In ersterer Beziehung ist aus dem Material zu erkennen gewesen, dass die Qualitäten der Brode in den verschiedenen Landestheilen ausserordentlich verschieden waren.

Die Mischungen der zum Verbacken gelangenden Mehlsorten waren ebenso different wie die letzteren selbst. Man wird also die Städte oder Länder unter einander nicht gut vergleichen können, beziehungsweise aus einer solchen Vergleichung nicht die Differenzen der Preise für gleiche Brodqualitäten, sondern nur die Thatsache entnehmen können, wie viel für die Brodernährung in dem einen Orte gegenüber einem anderen ausgegeben wird. Dies ist auch der Grund, warum Durchschnitte aus den Preisen verschiedener, von einander entfernter liegenden Orte nicht wohl gezogen werden können. Aber bei der Vergleichung der Brodpreise verschiedener Orte kommt auch weiterhin das örtliche Besteuerungswesen mit in Betracht. Es giebt eine Anzahl von Städten, welche Octrois, Verbrauchsabgaben auf Mehl, Backwaaren u. s. w. eingeführt haben. So hat von den hier in Betracht kommenden Städten Dresden Aufschläge auf Mehl und Backwerk; ähnliche Abgaben sind in bayerischen, badischen und hessischen Städten. Es ist als sicher anzunehmen, dass wie die Getreidezölle des Reichs, so auch die ähnlichen Auflagen der Städte den Brodpreis vertheuern müssen.

Die hier eingeschaltete Tabelle, welche die wichtigsten Angaben der früheren vergleichend recapitulirt, lässt hinsichtlich des Standes der Brodpreise zwar Schlüsse zu, giebt aber hinsichtlich der Ursachen desselben keine genügende Aufklärung. Wenn der Preis des Roggenbrodes in Berlin im Jahre 1892 auf 29.46, in Breslau auf 26.94 berechnet ist, bei einem gleichzeitigen Stand des Roggens dort auf 17.60, hier auf 17.16, und wenn das Weizenbrod in Berlin auf 43.51, in Breslau auf 42.63, der Weizen dort auf 17.64, nach Angabe der Polizei auf 18.36, hier auf 18.15 im Jahresdurchschnitt stand, so würde die blosse Vergleichung mit den Getreidepreisen, auch wenn hier ganz vergleichbare Angaben vorlägen, keine genügende Erklärung für die differirende Höhe der Brodpreise gewähren. Die Löhne der Bäckerei-Arbeiter, die Höhe der Miethen, die Rabatt- und Creditgewährung und andere Umstände sprechen hier mit. Auch die blosse Angabe der Zusammensetzung der Brodsorten nach Roggen- und Weizenmehl genügt nicht zur Beurtheilung der Qualitäten, sondern es würden noch

Preise pro 100 Kilogramm in Mark.

Gröberes Gebäck

Städte bez. Staaten	1887	1888	1889	1890	1891	1892	Mehlsorten
Berlin	20.65	21.22	24.72	27.18	31.62*	29.46	Roggen, Zusätze von Weizen
Breslau	.	.	.	.	(32.36)	26.94	Roggen
Köln	.	.	.	.	22	21	vermuthlich Roggen
Frankfurt a. M. Roggenbr.	21.75	22.70	23.25	23.25	28.48	.	Roggen
Frankfurt a. M. Gem. Brod	25.33	25.83	27.33	28.66	31.27	.	Roggen und Weizen
München	30	34	36	36	38	.	?
Dresden	20.0	21.1	23.4	25.4	29.1	27.4	Roggen
Stuttgart	20	20	23	24	25	.	Weizen und Kornen, 20 Proc. No. 3, 80 No. 4
Karlsruhe	28.6	28.6	28.6	29		.	Roggen und Weizen oder Weizenkleie
Darmstadt Roggenbr.	22	22	24	24	27	26.6**	Roggen und Weizen
Darmstadt Gem. Br.	.	25	27	28	30	29.9**	" " "
Strassburg i. E.	21.2	22.4	25.6	27.2	27.6	.	4/5 Roggen, 1/5 Weizen

* nur September bis December, ** vom Verfasser a. d. Monatsangaben berechnet

Feineres Gebäck

Städte bez. Staaten	1887	1888	1889	1890	1891	1892	Mehlsorten
Berlin Zwieback	72.5	72.5	72.5	77.6	78.5	74.0	Weizen, Luxusgebäck
Berlin Semmel	45	45	49.5	61.5	62.7	46.3	Weizen
Berlin Schrippen		.	.	.	(46.66)*	43.51	3/4 Weizen, 1/4 Roggen
Breslau	.	.	.	.	(46.80)**	42.63	Weizen
München	72	70	68	70	72	.	Weizen (vermuthlich Luxusgebäck)
Stuttgart	26	26	28	28	30	.	Weizen und Kornen 1/2 No. 1 und 1/2 No. 3
Strassburg i. E.	27.6	27.6	28.8	28.8	30.8	.	Weizen, Zusätze v. Saubohnen u. Welschkorn

* nur October bis December, ** nur September bis December

Roggen

Städte bez. Staaten	1887	1888	1889	1890	1891	1892
Berlin	12.09	13.45	15.55	17.00	21.12	17.60
Frankfurt a. M.	13.70	14.56	15.87	17.07	21.51	.
Bayern	14.18	15.36	15.92	17.38	20.88	.
Dresden	12.78	13.87	16.12	17.33	29.76	17.57
Baden	14.12	14.97	15.80	17.09	.	.
Hessen	14.36	15.09	16.34	17.85	21.40	18.37
Strassburg i. E.	14.80	15.61	17.32	18.64	22.02	.

Weizen

Städte bez. Staaten	1887	1888	1889	1890	1891	1892
Berlin	16.44	17.22	18.77	19.54	22.42	17.64
Frankfurt a. M.	19.22	19.86	21.42	21.65	23.66	.
Bayern	18.70	19.76	20.32	21.68	23.50	.
Stuttgart	18.88	20.23	20.03	21.43	22.48	.
Baden	18.70	19.64	20.01	21.25	.	.
Hessen	18.19	18.80	19.44	20.59	23.24	19.76
Strassburg i. E.	19.44	19.34	21.36	27.73	25.22	.

eingehendere Angaben über die Feinheit der betreffenden Mehlsorten nothwendig sein. Immerhin giebt die Tabelle wenigstens einen Anhalt für die Beurtheilung der bezüglichen Verhältnisse. Ganz aus dem Vergleich fortgelassen ist Oldenburg, weil hier für die ganz niedrige Preisnotirung der Jahre 1886/1890 von angeblich 14.0 Pfennigen für das Kilogramm Brod jede Erklärung fehlt. Der Roggenpreis stand auf 2.74 pro 25 Liter (pro 100 kg etwa 16 M.), also ein den allgemeinen Durchschnitt eher übersteigender Preis. Ohne genauere Kenntniss der Qualität lassen sich die Preisverhältnisse hier nicht beurtheilen.

Von Einfluss auf die statistischen Angaben über die Brodpreise ist nun auch unbedingt die polizeiliche Taxe. Dies geht aus dem oben Angeführten deutlich hervor, indem ein Theil der hier mitgetheilten Statistiken direct auf den Angaben der Taxen basirt. Andererseits ist es nach dem übereinstimmenden Urtheil der statistischen Aemter ebenso klar geworden, dass die Taxpreise in der Regel nur Maximalpreise bedeuten. Wo dies den statisischen Behörden bekannt wurde, trat allerdings eine Correctur ein, aber in welchem Maasse dies bekannt wurde, und inwieweit es unbekannt blieb, steht dahin. Wahrscheinlich hängen die hohen Angaben in München mit der dortigen Beobachtung zusammen, dass die von den Bäckern angeschriebenen Taxpreise von den thatsächlichen Preisen nie erreichte Werthe darstellen. Uebrigens muss im Anschluss an die Ausführungen im Eingang über die Nutzlosigkeit von Brodtaxen auch darauf hingewiesen werden, dass sich ihr thatsächlicher Erfolg geradezu in das Gegentheil des Beabsichtigten verwandeln kann. Denn die Freiheit der Bewegung nach oben hin, welche sich die Bäcker durch Anschreibung eines Maximalpreises reserviren, könnte bei steigenden Conjuncturen leicht ein Anreiz werden, den Brodpreis dem Maximum schneller näher zu bringen, als dies vielleicht ohne Taxe geschehen würde. Doch dies sei nur als Möglichkeit ausgesprochen, eine statistische Beurtheilung dieser Frage ist nicht thunlich.

Ist nun auch nach dem eben Gesagten das statistische Material nicht hinreichend, um vergleichbare Data über die Höhe der zu derselben Zeit an verschiedenen Orten bestehenden Brodpreise zu gewähren, so reicht es doch hin zur Beurtheilung der Bewegung. Hier ergeben übereinstimmend die correcten und weniger correcten Statistiken ein Ansteigen der Preise in den Jahren 1887 bis 1891. Von dem Jahre 1891, welches übrigens für alle wichtigeren Nahrungsmittel ein Theuerungsjahr war, auf 1892 erfolgte dann ein Herabgehen der Preise, welches auch gegenwärtig noch nicht zum Stillstand gekommen zu sein scheint.

Von Einwirkung auf die Preise war jedenfalls, namentlich soweit Roggen in Betracht kam, das russische Roggenausfuhrverbot vom August 1891 und dessen Aufhebung nach etwa einem Jahre. Ueberhaupt wird fast überall mit ganz geringfügigen Ausnahmen der Gang der Brodpreise durch den der Getreidepreise bestimmt. Die beigefügten graphischen Darstellungen lassen dies auf den ersten Blick erkennen. Das Maass dieser Einwirkung ist freilich ein nicht immer gleiches, aber doch unverkennbares. Wahrscheinlich würde man vielfach noch zu sicheren Schlüssen gelangen, wenn nicht leider die aus verschiedenen Marktorten gezogenen Landesdurchschnitte kein so reines Material darbieten würden, als auf einen Ort beschränkte Beobachtungen, und wenn die Statistiken selbst genauer wären und namentlich auch die Bruchtheile von Pfennigen mit berechnen wollten. In Darmstadt z. B. würde ohne diese Berechnung der Brodpreis pro Kilogramm 1891 und 1892 gleichmässig 27 und 30 Pfennige für die beiden Brodsorten gewesen sein, während er genau 1891 26.7 und 30.33, 1892 aber nur 26.6 und 29.9 betrug. Aehnlich liegt die Sache anderwärts. Würde ein Grosshandel in Brod stattfinden, so würde man dergleichen nicht unberücksichtigt lassen. Diese Bruchtheile von Pfennigen kommen aber bei den bedeutenden Quantitäten des Brodconsums sehr in Betracht.

Es liegt in der ganzen Methode der Ermittelungen, dass die Bruchtheile von Pfennigen nicht erhoben werden. Man kann sie eben nur dort eruiren, wo die Statistik auf thatsächlichen Verwiegungen der Brode beruht, und der ermittelte Preis mit dem Resultat der Verwiegung verglichen wird. Wo dies nicht geschieht, ist man auf den von den Bäckern angegebenen Preis verwiesen, welcher um so mehr nur mit vollen Pfennigen rechnet, als die Brode in bestimmten Stücken gehandelt werden. Daher rührt das sprungweise Steigen oder Fallen der Preise in dieser ungenaueren Art der Ermittelungen und erst wenn man aus diesen die Jahresdurchschnitte berechnet, kann man auf die Pfennigtheile kommen, welche natürlich correcter ausfallen, wenn sie schon in den einzelnen Notirungen vorhanden sind.

Diese ganze Art der Preis-Statistik der Brode und wahrscheinlich auch die ganze sich hier anschliessende Frage würde wol in richtigere Bahnen gelenkt werden, wenn der Brodverkauf nicht nach Stücken, sondern nach Gewicht erfolgte. Würde dieses Nahrungsmittel, wie auch andere z. B. Käse nach Gewicht gehandelt; so wäre der Brodpreis für die Gewichtseinheit so notorisch, dass seine Erhebung wenig Schwierigkeiten bereiten, und seine Kenntniss nicht difficile Untersuchungen erfordern würde.

Allerdings würde ein solcher Verkauf nach Gewicht nicht bei allen Brodsorten stattfinden können, wohl aber bei den hauptsächlichsten Arten, den in grossen Stücken verbackenen Broden. In Berlin werden z. B. verschiedene Sorten Zwieback vielfach nach Gewicht gehandelt.

Die Einführung des Verkaufs von Roggenbrod nach Gewicht wäre eine Massnahme, welche nicht nur die Polizeibehörden, sondern gerade das consumirende Publicum und die Bäcker in's Auge fassen sollten.

P. Stankiewicz' Buchdruckerei, Berlin SW.

FSC
www.fsc.org
MIX
Papier | Fördert gute Waldnutzung
FSC® C083411

Kolibri 360 GmbH
Ferdinand-Jühlke-Straße 7
99095 Erfurt, Deutschland
produktsicherheit@kolibri360.de